初中数学阅读教学
的实践研究

付淑群 著

CHUZHONG SHUXUE YUEDU JIAOXUE
DE SHIJIAN YANJIU

上海大学出版社

图书在版编目(CIP)数据

初中数学阅读教学的实践研究 / 付淑群著. -- 上海：上海大学出版社，2025.1. -- ISBN 978-7-5671-5137-6

Ⅰ.G633.602

中国国家版本馆 CIP 数据核字第 20252QF277 号

责任编辑　陈　叶
封面设计　倪天辰
技术编辑　金　鑫　钱宇坤

初中数学阅读教学的实践研究

付淑群　著

上海大学出版社出版发行
(上海市上大路99号　邮政编码200444)
(https://www.shupress.cn　发行热线 021-66135112)
出版人　余　洋

*

南京展望文化发展有限公司排版
上海颛辉印刷厂有限公司印刷　各地新华书店经销
开本 710mm×1000mm　1/16　印张 14　字数 236 千
2025 年 1 月第 1 版　2025 年 1 月第 1 次印刷
ISBN 978-7-5671-5137-6/G·3677　定价　68.00 元

版权所有　侵权必究
如发现本书有印装质量问题请与印刷厂质量科联系
联系电话：021-57602918

前言
FOREWORD

在浩瀚的知识海洋中，阅读如同一盏明灯，引领着每一个求知者探索未知、启迪智慧。阅读能力作为现代公民的核心素养之一，得到世界各个国家的广泛重视。国际阅读协会的报告中指出，阅读能力的高低直接影响一个国家和民族的未来。这一观点强调了阅读能力的提升对于国家和民族发展的重要性，尤其是在知识经济时代，阅读能力成为衡量一个国家竞争力的重要指标。阅读不仅是个体精神成长的关键途径，也是教育强国建设的重要推力。经济合作与发展组织（OECD）组织实施的国际学生评估项目（PISA）把阅读能力作为评估的三大能力之一。

2023年全国教育工作会议上，教育部部长怀进鹏掷地有声地提出要把阅读当作一件大事情来抓，将阅读能力的培养贯穿于教育教学的全过程、全领域。这一重要指示不仅为数学阅读教学提供了有力的政策保障，也为其发展注入了新的活力和动力。新一轮的课程改革，对培养学生的阅读能力提出了具体的要求，而阅读能力的培养必须落实到每一门学科之中、落实到每一节课的教学之中。在此背景下，数学作为一门基础而关键的学科，其阅读能力的培养也日益受到教育界的广泛关注。数学教学以培养学生的思维能力为主要任务，以发展学生数学核心素养为主要目标，通过阅读加深学生对数学知识的理解，促进学生对数学问题的深度思考。阅读是提高学生数学能力和教师课堂教学效率的有力抓手。

在这样的时代背景下，作为一名长期致力于数学教育教学研究的教研工作者，我深感数学阅读教学的重要性和紧迫性。通过多年的实践探索和理论思考，我逐渐形成了对数学阅读教学的独到见解和深刻认识。本书正是在此基础上撰写而成的，旨在系统阐述数学阅读教学的理论基础、实施策略和实践案例，为广大数学教师提供一条研究和实践的路径。

　　全书共分为七个章节，内容涵盖数学阅读教学的理论基础、数学阅读在提升数学思维能力中的作用、当前数学阅读教学中存在的问题与误区、数学阅读教学的实施框架以及数学概念、原理、习题课和复习课中阅读教学的具体实施策略等。本书旨在凸显阅读在促进学生理解数学中发挥的作用，通过案例分析，展现数学阅读的各个环节的具体实施过程，供读者参考。在撰写过程中，我力求做到理论与实践相结合、案例与分析相交融，使读者能够全面、深入地了解数学阅读教学的内涵、特点和要求。

　　第一章和第二章是数学阅读教学的理论部分，从认知心理学、建构主义学习理论等角度探讨了数学阅读教学的理论依据，深入分析了阅读如何促进学生逻辑思维、抽象思维、创新思维等多种数学思维能力的发展，直面当前数学阅读教学中的种种问题，剖析其背后的原因，并提出针对性的改进建议，为后续章节的展开奠定坚实的理论基础。

　　第三章至第六章是本书的核心部分，分别针对数学概念课、数学原理课、数学习题课和数学复习课四种课型，构建了数学阅读教学的实施框架，并且对数学概念、数学原理教学以及数学习题课、数学复习课进行了深度研究，归纳总结了每种课型中开展阅读教学的基本流程。这些流程既体现了阅读教学的共性要求，又充分考虑了不同课型的特点，具有较强的针对性和可操作性。同时，针对不同课型提供了丰富的教学案例，通过具体的教学情境展示数学阅读教学的实施过程和方法，供广大数学教师参考和借鉴。

　　第七章主要介绍了数学阅读能力评价指标和测试框架，以直观数据说明实施数学阅读教学对学生的综合能力提升有积极的促进作用。

　　本书重点探讨了数学阅读教学的实施路径和策略，总结了有效开展数学阅读教学必须遵循的四个原则：一是以学生为中心，注重培养学生的阅读兴趣和习惯；二是以问题为导向，通过解决实际问题来促进学生的数学阅读；三是以理解为核心，通过阅读加深学生对数学知识的理解和掌握；四是以应用为目标，通过阅读提高学生的数学应用能力和创新能力。同时形成了实施数学阅读教学的五条基本策略：一是精选阅读材料，确保材料的科学性、趣味性和适用性；二是创设阅读情境，激发学生的阅读兴趣和动力；三是指导阅读方法，培养学生的阅读技巧和策略；四是开展阅读交流，促进学生的合作学习和共同进步；五是进行阅读评价，及时反馈学生的阅读效果并调整教学策略。

　　本书是我多年研究和实践的经验结晶，也是对数学阅读教学的一种探索和尝试，相信本书的出版一定会在数学阅读教学的推进方面发挥积极作用。我深知，数学阅读教学是一项复杂而艰巨的任务，需要广大数学教师和教育工作者的共同努力和持续探索。衷心希望本书的出版能够为广大数学教师提供有益的参考和借鉴，在数学课堂教学中提高学生的阅读理解能力，通过阅读加深学生对数学本质的理解，推动数学阅读教学的深入开展和不断创新。真心希望本书的出版能够给广大的数学教师提供一条研究和实践的路径，同时为教学研究人员打开一扇窗，为进一步研究数学阅读教学提供参考。期待更多的教育专家和同行能够关注数学阅读教学的研究和实践，共同为提高学生的数学素养和综合能力贡献智慧和力量。

最后，我要特别感谢长宁区教育学院和长宁区的初中数学教师们对本书撰写给予的大力支持和帮助，没有你们的关心和支持，就没有本书的顺利出版，在此一并致谢。同时，我也深知自己水平有限，对数学阅读教学的理解还不够深刻和全面，只能抛砖引玉，诚挚地希望得到专家及同行的批评指正，以便在未来的研究和实践中不断改进和完善。

上海市长宁区教育学院　付淑群

2024 年 9 月 2 日

目录 CONTENTS

第一章　数学阅读教学的认识 ······· 1
 第一节　数学阅读教学的理论与实践背景 ······· 1
 第二节　数学阅读教学的政策和现状 ······· 8
 第三节　数学阅读教学的内涵 ······· 12
 第四节　数学阅读教学的价值 ······· 25

第二章　数学阅读教学的实施策略 ······· 28
 第一节　数学阅读方法指导 ······· 28
 第二节　数学阅读教学中导读提纲的编制 ······· 38
 第三节　数学阅读教学实施的基本环节 ······· 43

第三章　数学概念课阅读教学实践案例与评析 ······· 48
 第一节　对数学概念课教学的认识 ······· 48
 第二节　数学概念课阅读教学的功能 ······· 50
 第三节　数学概念课阅读教学的流程及原则 ······· 51
 第四节　数学概念课阅读教学案例分析 ······· 55

第四章　数学原理课阅读教学实践案例与评析 ······· 88
 第一节　对数学原理课教学的认识 ······· 88
 第二节　数学原理课阅读教学的功能 ······· 91
 第三节　数学原理课阅读教学的基本流程、环节与原则 ······· 93
 第四节　数学原理课阅读教学的案例分析 ······· 94

第五章　数学习题课阅读教学实践案例与评析 ············· 117
　第一节　对数学习题课教学的认识 ······················· 117
　第二节　数学习题课阅读教学的功能 ····················· 118
　第三节　数学习题课阅读教学的基本流程与原则 ··········· 120
　第四节　数学习题课阅读教学案例分析 ··················· 123

第六章　数学复习课阅读教学实践案例与评析 ············· 151
　第一节　对数学复习课的认识 ··························· 151
　第二节　数学复习课阅读教学的功能 ····················· 153
　第三节　数学复习课阅读教学的流程与原则 ··············· 154
　第四节　数学复习课阅读教学案例分析 ··················· 158

第七章　数学阅读教学评价的实施 ······················· 186
　第一节　数学阅读能力评价指标及工具 ··················· 186
　第二节　评价指标权重计算及模糊聚类分析 ··············· 193
　第三节　数学阅读能力评价的实施 ······················· 195

附录 ··· 199

第一章 数学阅读教学的认识

第一节 数学阅读教学的理论与实践背景

一、数学阅读教学的理论背景

建构主义学习观认为数学建构学习有以下三个特征：一是个人体验，强调学习者通过个人体验，实现对数学对象完整意义的建构。二是智力参与，强调学习的本质是学习者的思维建构，因而学习者需要让自己的注意力、观察力、记忆力、想象力、思维能力和语言能力都参与进去，形成高水平的智力参与。三是自主活动，强调通过在"做数学中学数学"，自主活动是个人体验的源泉。

此外，建构主义学习观强调，学习活动中学习者的主动性和积极性是个体建构的命脉，是学习者高水平智力参与并产出个人体验的重要保证。建构主义学习观强调利用各种信息资源来支持"学"。为了支持学习者的主动探索和完成意义建构，在学习过程中要为学习者提供各种信息资源（包括各种类型的教学媒体和教学资料）。这些媒体和资料并非用于辅助教师进行讲解和演示，而是用于支持学生进行自主学习和协作式探索。对于信息资源应如何获取、从哪里获取以及如何有效地加以利用等问题，是学生主动探索过程中迫切需要教师提供帮助的内容。

人类社会步入了知识爆炸、经济飞速发展的时代，数学在自然科学、社会科学以及思维科学发展中的作用越来越重要。数学无处不在，又无处不服务于人类社会。数学是人类文化的重要组成部分，数学素养已成为现代公民必须具备的基本素质之一。比如说，今天的社会，炒股、理财活动的参与者已经不仅仅是成年人、具有理科专业知识的人，学生一族也有强烈的创造财富的欲望，文科专业教育背景出身的人们也常常投身于炒股、理财活动的行列，同数学曲线图和公式打交道。每个人难免遇到解决数学生活问题的时候，而数学阅读能力的强弱将或多或少影响当代人的生活质量。

"人人都能获得良好的数学教育，人人都能获得必需的数学，不同的人在数学上得到不同的发展"逐渐成为广大教育工作者的共识。终身教育学习观认为，学习者要想适应未来社会的高速发展和知识更新频率的加快，就要学会学习。数学阅读教学的目的就是帮助学生在学校学习期间获得自主的、持续增长的、能够自我反思与改进的能力。数学阅读能力是这一切的基础，能够帮助学生培养提炼数学元素、重组数学概念、猜想数学命题、探索数学疑问，进而实现数学自学的能力。数学阅读教学能够为学生带来自我发展的持续动力。

1956年，国际阅读协会的成立标志着阅读学成为一门独立的学科。该协会的宗旨是提高全人类的阅读水平，倡导终身阅读的良好习惯，并推进阅读问题的科学研究。而在国际阅读协会成立之前，大约20世纪30年代开始，世界不少知名学者已经从各自的学科，包括心理学、语言学、哲学、社会学以及生理学等方面，研究阅读的本质、心理特点以及阅读效果的优化等问题。

1954年，美国心理学家斯金纳（Skinner）创编了"程序教学"，编写了供学生阅读的"程序教材"，并在西方开展了如火如荼的实验。20世纪70年代以后，现代认知心理学迅猛发展，国外学者在信息加工主流思想的引导下对阅读内涵的理解愈加深入。1973年，科威尔（Carver）提出阅读有四层含义：第一层，对词进行解释，决定这些词在特殊句子中的意义。第二层，将多个词的意义联合起来，从而了解句子的含义。第三层，了解段落所隐含的主旨，及段落中的因果关系、假设条件、证明过程的含义，明白地说出与段落主旨有关但暂时离题的观念。第四层，对各种观点，包括逻辑、证明、真实性和价值判断等问题进行评价。前两个层次代表基本的阅读技巧，主要包括解码、定义和语句整合，后两个层次是阅读理解和推论[①]。

1977年，澳大利亚学者纽曼（Newman）通过长期研究发表了关于学生数

---

① 吴增强．学习心理辅导［M］．上海：上海教育出版社，2011．

学文字题解题错误的过程性分析框架。其中很重要的一条就是关于数学阅读的理解水平。该框架不仅引起了国际数学教育研究者的关注，同时也吸引了广大数学教师的注意，被广泛地应用于诊断学生解决数学文字题时的错误。1989年，霍尔（Hall）对阅读界定时提出阅读具有四方面特点：一是阅读技能是一项复杂的任务，包括感知、认知和语言加工。二是阅读是阅读者在获得信息时，感官的相互作用，而不是从基本解码到理解的连续过程。三是人的信息加工系统限制了人对课文加工的能力（如注意、感知、短时记忆和长时记忆），当低水平加工（解码）达到自动化，会转向更高水平的功能。四是阅读属于一种策略，包括设置目标、选择策略、监控过程。简言之，这是一种元认知活动。由以上观点可以看出，解码和理解是阅读的两大核心成分，并且是两种水平的阅读能力[1]。

从孔子开始，我国历代教育家就对阅读进行了研究。如宋代理学家、教育家朱熹建立了一种具体的阅读过程模式，即"眼头过，口头转，心头运"模式（《朱子语类·读书法》）。该模式可以表示为：视觉过程—语言过程—心理过程。这显然是一个阅读本位行为的过程模式，其理论价值在于第一次以概括的形式明确了视觉过程（文字信息感知）是阅读的开始，语言过程（把字符转化为有声语言并运作）是从文字感知到内容理解不可缺失的中介，而心理过程是理解的根本。

1989年，武汉大学一些院系正式将阅读学作为选修课。1997年，杜晓新对阅读中认知策略与元认知策略相关性进行了实验研究。同年，莫雷对不同年级学生的自然阅读过程、信息加工过程的活动特点进行了实验研究，他对不同年级学生的阅读心理过程差异的差异进行了比较。1998年，张大均、余林探讨了文章结构分析训练对阅读理解水平的影响。同年，曲阜师范大学的邵光华在《数学课堂阅读指导策略》中提到如何在数学课堂上合理安排和指导学生数学阅读，以提高课堂教学质量，培养学生的数学阅读能力。1999年，胡理华在《浅谈培养学生数学阅读能力》一文中提出了从培养学生阅读的兴趣、给学生阅读机会和按阅读水平分类有计划、有步骤地培养这三个方面来提高学生的数学阅读能力。邵光华在《数学阅读——现代数学教育不容忽视的课题》一文中论述了数学阅读的特殊性、数学阅读的教育功能和数学阅读进入课堂的

---

[1] 吴增强. 学习心理辅导 [M]. 上海：上海教育出版社，2011.

必要性等问题。在《关于重视数学阅读的再探讨》一文中邵光华提出了数学阅读的分类方法，数学阅读按阅读心理机制可分为被动式阅读和主动式阅读。被动式阅读是指通过视觉搜索信息、思维加工信息，对信息进行理解、接纳的阅读。也就是说阅读者通过看书，先获得书本结论，然后通过思考理解该结论，以这种方式来掌握结论。主动式阅读则是指在阅读过程中，充分利用数学知识特有的逻辑性，运用特殊到一般的归纳推理方法、具体到抽象的逻辑思维方法，不断对所读的内容做出预知、猜想、估计，得出与下文将要给出的结论相符的结论，然后通过与文中给出的结论对照、修改，最后获取知识的阅读。主动式阅读并非通过直接阅读结论而接受结论，而是主动思考上文提供的材料发现下文将要给出的结论。

2000年，罗增儒在《数学阅读与解题学习》一文中对两个例题的解题过程进行了详尽的评价和分析，试图从实例中指导学生如何在解题阅读的过程中进行自我监测和调节。2002年，黄新生在《谈阅读数学教科书的重要性》一文中提出，指导学生阅读数学教材是培养学生数学阅读能力的最好的方法。他还提出培养学生数学阅读能力的主要途径：一是指导学生阅读数学教材，教师要充分利用教材的特殊地位；二是使阅读数学教材成为学生自觉的行为，形成一种阅读境界；三是对数学教材中不同的学习内容提出相应的阅读要求，使阅读更有效。同年，郭雅彩在《数学阅读及其教育功能》一文中，从数学学科的特点出发分析了数学阅读的特殊性以及数学阅读的教育功能。徐琴在《指导学生数学阅读的"十结合"》一文中以十种结合的方式较为全面地总结了指导学生数学阅读的十种方法。2004年，郭刘龙在《数学阅读能力探析》一文中除了将数学阅读能力划分为三个层次外，还介绍一些提高数学阅读能力的方法，特别是提出数学阅读能力包括语言转化能力、逻辑思维能力和元阅读能力。这是第一次有人在数学阅读中提到元阅读这个概念。同年，房元霞、王兰玉在《数学课堂阅读指导研究》一文中从阅读教学的经验出发，阐述了数学阅读过程的"由薄到厚"和"由厚到薄"两个阶段。浙江师范大学心理系李伟健教授采用2（学生类型）X5（年级）X2（材料特征）三因素混合实验设计对优差生的阅读元认知知识及其应用特点进行了研究，结果表明，在实际的阅读过程中，学习困难生的元认知知识与元认知控制的联系显著弱于学习优秀生。

2005年，程龙海、黄兴丰在《初一优等生思维类型与数学阅读概括水平的相关研究》中提出学生的数学阅读概括水平与学生的思维类型存在显著的差异，应根据学生的思维类型设计相应的阅读教学对策。2006年，李庆霞在《数学阅读中元认知理论的运用》一文探讨了在数学阅读中如何对学生进行元认知训练，通过有效的阅读策略提高学生的数学阅读能力和元认知水平。华南师范大学及其附中的许世红、罗华以阅读教材为主（针对概念课、公式定理课、解题练习课、复习课设计了一系列引读题）、阅读课外书籍为辅，采取了"课前预习—课堂讲解—深入阅读—讨论交流—练习巩固"的教学方法进行了阅读教学实验，他们根据学生在数学学习不同阶段所采取的阅读方式及阅读后对知识掌握的程度，将学生的阅读方法分为四种类型：一是机械接受式。即阅读仅停留在字面上和感觉上的刺激，只是试图记住教材的结论并在既定的程序中解题。二是意义接受式阅读。即阅读时注意寻找新知识与头脑中适当的旧知识之间的联系，在记住结论和执行解题程序的过程中力求理解数学结论和解题程序。三是意义指导发现式阅读。即阅读时在教师的指导下去揭示问题中隐藏的关系，寻找新的解决方法，发现新的结论或规律。四是意义独立发现式阅读。即阅读时独立揭示问题中隐蔽的关系，寻找新的解决方法，发现新的结论或规律。

  李兴贵等人认为数学阅读能力的培养有一个"从扶到放"的过程，有这样四个阶段：第一阶段，激发学生看书的意愿，通过阅读能力测试，使学生了解自己阅读能力的原始水平；第二阶段，从数学的学科特点出发，教给学生数学阅读的方法，教师编写阅读提纲，让学生"按图索骥"；第三阶段，学生寻找阅读问题，归纳整理阅读要点，交流阅读体会，了解自己阅读能力的原始水平，完成阅读任务；第四阶段，学生对自己的阅读行为和能力进行评价，向自己提出新的阅读水平要求。此外，也不乏有一些文献从教师阅读、课外阅读或阅读型习题分析等角度对数学阅读进行了独到的论述。

  阅读理论的发展，为数学阅读研究的发展提供了强大的理论基础。国内学者大多从理论上研究了数学阅读的教育功能、数学阅读能力的分类、数学阅读的分类及数学阅读教学模式的建构。他们提出的关于数学阅读能力培养在教学实施中的策略、途径，主要都是从培养学生阅读兴趣、提高数学语言间的转化能力和指导高效的阅读方法这几方面来分析的。但由于数学阅读教学研究工具的缺乏，理论的实践指导力尚且不足，结合具体的教学案例来进行实践性研究的部分很少涉及，数学阅读教学理论自身并没有更为明晰的发展。

二、数学阅读教学的实践研究

国内外关于数学阅读教学的研究颇多，学者们在数学阅读对数学学习的影响方面进行了科学的研究和分析。1977年，澳大利亚学者纽曼关于学生数学文字解题错误的过程性分析框架，将数学解题错误类型进行了分类，并分析了错误的原因，其中数学阅读错误原因首当其冲。1980年以来，阅读教育得到迅速发展，英、美等许多国家的一些高校增设了阅读方面的课程。国外的数学课程标准强调数学阅读及对数学教材的阅读。1990年，玛丽娜（Marinas）和克莱门特（Clements）运用该框架，对马来西亚七年级学生解决数学文字题的困难和策略进行调查，结果显示，90%以上的错误来自数学阅读的困难和策略选择的困难两个方面。

1991年发行的美国芝加哥大学学校数学方案（University of Chicago School Mathematics Project，UCSMP）教材体系和结构紧紧围绕阅读展开。该教材中的课文分两部分：一是阅读材料，包括关键概念、有关词汇以及定义、定理、有意义的例子，供学生阅读和讨论，对学生阅读活动起导向作用。每个课题都是以现实世界为背景，让学生知道为什么要学这些东西，有效地激发了他们的阅读兴趣和内在动机，使他们在阅读中主动地去掌握知识[①]。二是几类覆盖阅读材料的问题：数学应用题、复习题、探索题、大型作业题。其中第一类问题引导学生通过阅读，检查关键字词和规则，并解释与例子有关的知识。既对学生的阅读效果进行评价，又为学生对后四类问题的解决提供了知识的准备。

日本的"三读教学法"把阅读分为通读、精读、选读三个层次。而日本的公文式学习法实质上是阅读教学。公文式学习法有一套按学生认知规律编写的学生可以接受的自学材料，教学内容程序性与学生认知发展同步，教材内容难度跨度小，有利于学生自学获得成功，阅读提示又为学生创设了与阅读材料"对话"的情景。学生在阅读中凭自己的力量完成了学习任务，提高了自学能力，为继续学习产生良性循环效果。

法国的"初中数学教学大纲"在教学方法的选择上就指出"教师应该关

---

① 付蓉.提高初中生数学阅读能力的实践研究［D］.天津：天津师范大学，2006.

心学生对数学课文的阅读和理解"[①]。法国教材注重学生阅读中对知识的可接受性，对于学生难以接受的数学知识、技能及思想方法，教材则对它们进行分解、分层之后展现在学生面前。

20世纪60年代，上海市立育才中学提出了"读读、议议、讲讲、练练"教学模式。江苏特级教师李庚南在教学实践中创立了"初中数学自学·议论·引导教学法"。自1989年起，现为上海浦东新区教育学院的翁昌来等着手数学阅读教学的研究与实践，并成立了数学阅读能力培养研究课题组。这些研究在理论上阐述了数学阅读的心理机制、数学阅读的规律和原则，并在实践上为数学阅读教学指引了方向。

2004年，厉小康在《数学阅读能力的培养研究》一文中提出，除了从培养学生数学阅读的兴趣和习惯、重视数学教材的阅读这些方面来培养学生阅读能力外，还可以让学生学会说题来加深理解，表述自己的思维过程，提高独立思考、自主阅读的能力。同年，北京师范大学心理系的宋凤宁等人针对中学生阅读效能与阅读时间、阅读成绩的关系进行了实验研究，采用了《阅读动机量表》考察中学生阅读动机的发展特点和规律，发现中学生阅读效能与其阅读时间、阅读成绩存在极其显著的相关性，阅读效能的年龄、性别差异不显著。

2005年，张晚籽在《如何帮助学生进行数学阅读》一文中提出通过阅读示范和阅读练习两个方面来提高学生的数学阅读能力，特别提出了要通过提高学生符号语言、图形语言和文字语言的转化能力来提高学生的数学阅读能力。浙江雄城中学的张红根据学生能力分级设计阅读教学程序并提出了数学阅读能力的培养模式：感知数学问题（认、述、析、联）—形成数学问题（析、联、悟）—解决数学问题（悟、研）。还有学者在数学教学中进行了培养中学生阅读能力的实验研究。实验选择高一年级与七年级各一个班级，共120人为实验对象，采取了"课前预习—课堂讲解—深入阅读—讨论交流—练习巩固"的教学方法，并制定了具体的措施，其中包括：针对不同课型，讲授不同的阅读方法；提出作业要求，培养良好的阅读习惯；推荐课外阅读书籍，加强阅读指导；及时组织阅读后的交流，提高阅读兴趣等。

2008年，潘静茜、吴颖康利用初中生数学阅读理解水平测试卷和访谈提纲，对江苏省苏州市某省级示范学校七年级和八年级的76名学生进行了数学测试和

[①] 国际数学课程比较课题组. 发达国家中小学数学教学大纲1［M］. 北京：人民教育出版社，1994.

访谈。结果显示,学生在解决数学阅读理解题目时出现数学阅读困难的情况极为突出。中国科学院心理研究所卢仲衡先生的"自学辅导教学法",提出了七条教学原则代替旧的教学原则作为教师教学的依据。自学辅导教学的七条教学原则是:班集体与个别化教学相结合;在教师指导、辅导下以学生自学为主;"启、读、练、知、结"相结合;利用现代化手段加强直观性;尽量采用变式复习加深理解和巩固;强动机、浓兴趣;自检与他检相结合[①]。这七条教学原则不仅规范了自学辅导教学的课堂教学,而且也为自学辅导教学扩大实验提供了理论依据。自学辅导教学实验必须有与之相匹配的先进的教学方法和课堂教学模式。在实验过程中,卢仲衡总结了"启、读、练、知、结"的课堂教学模式。"启"与"结"是教师在开始上课和即将下课时面向班集体进行的,共占 15 分钟左右;中间 30 分钟不打断学生的思路,让他们"读、练、知"交替进行,快者快学,慢者慢学,学到教材中指令做练习处就做练习,并核对答案。具体来说,"启"就是从旧知识引进新问题,激发学生的求知欲望,使他们有迫切需要阅读教材和解决问题的要求。启发不是讲课,教师两不代替:一不代替学生阅读,二不代替学生思考。"读"就是阅读课文;"练"就是做练习;"知"就是当时知道结果,及时反馈。"读、练、知"三者可以交替,读懂课文就做练习,做完练习就对答案,再读课文、做练习、对答案,如此交替地继续学下去,直至教师小结时才停止。"结"就是小结。在小结中,教师必须有的放矢,概括全貌,纠正学生的错误,使做题规范化,解决疑难问题,促使知识系统化[②]。

第二节 数学阅读教学的政策和现状

一、数学阅读教学的政策

阅读,是人类社会生活中不可或缺的社会活动之一,数学阅读及其能力的培养逐渐受到国内外教育界人士的青睐,培养学生数学的阅读能力也渐渐

---

① 黄荣金,李业平. 数学课堂教学研究[M]. 上海:上海教育出版社,2010.
② 黄荣金,李业平. 数学课堂教学研究[M]. 上海:上海教育出版社,2010.

成为世界各国数学课程改革的共同趋向。如英国国家数学课程中指出，课堂必须计划评估的其中一个环节就是"阅读"，因而教材力图改变数学书难读的境况，致力于编写易于自学、通俗易懂、为学生喜爱的学科教材；法国《初中数学教学大纲》认为在教学方法上应该"教会学生阅读和理解课本，每个年级对此都要坚持不懈"。美国的"学校教学课程与评估标准"也特别鼓励学生阅读数学教材。因此，在全面推进素质教育的今天，怎样提高学生的阅读量、给学生更多的阅读机会是时代发展的需要，也是数学课程改革的必然要求。

随着全国各地的中考、高考数学试卷中阅读型试题逐渐受到热捧，学生的数学阅读能力、学习能力越来越受到关注。中学生究竟怎样学习数学才更有效，越来越多的数学教育工作者进行了数学阅读教学的有效性探索和研究，也获得了很多成果。我国以及法国、俄罗斯、美国等国的课程标准明确提出，教师必须注意指导学生认真阅读教材，力求通过各种不同形式引导学生进行自主学习，这就需要培养学生自主学习的能力。

培养学生自主学习能力的方法和途径很多，其中阅读领航不失为一种行之有效的方法，这种方法是让学生以导读提纲为载体和辅助工具，进行充分、有序的自主学习，使学生通过自主阅读主动获取知识，逐步培养学生的自主学习能力。

随着我国中小学数学教育课程改革的不断深入，加强素质教育，培养会学习、会思考、能创造的新型人才逐步成为课程改革的核心。数学教育不仅是教给学生数学基础知识，而且要让学生学会学习，使学生形成终身学习的自学能力，而自学能力的核心是阅读能力。

《义务教育数学课程标准》也明确提出，自学能力对每个人终身有用，阅读是提高自学能力的重要途径。因此为了响应国家培养新型人才的需求，同时也为了响应区域教育教学改革的要求，开展阅读教学的研究是非常有价值的，旨在通过阅读教学的实施，推动区域的课堂教学改革，引领区域教师开展课堂实践研究，转变教师的教学观念和教学方式，转变学生的学习方式，促进教师专业发展和学生全面发展。

二、数学阅读教学的教育功能

数学阅读是指围绕数学问题或相关材料，以数学思维为基础和纽带，用数

学的方法、观念来认知、理解、汲取知识和感受数学文化的学习活动。初中数学阅读有如下教育功能：

第一，数学阅读有助于提高数学语言水平及增强数学交流能力。数学交流是指使用数学语言、数学方法进行各类数学活动的动态过程。无论学习数学还是使用数学，数学交流都有极重要的作用。而数学交流的载体是数学语言，因此，发展学生的数学语言能力是提高数学交流能力的根本。只有通过数学阅读，才能规范自己的数学语言，锻炼数学语言的理解力和表达力，提高数学语言水平，从而建立起良好的数学语言系统，提高数学交流能力。

第二，数学阅读有助于充分发挥数学教材的作用。数学教材是多位专家在充分考虑学生生理及心理特征、教育教学原理、数学学科特点等因素的基础上精心编写而成的，具有极高的阅读价值。美国著名数学教育家贝尔认为，要把数学教材作为学生学习材料的来源，而不能仅作为教师自己讲课材料的来源，必须重视对数学教材的阅读，教师必须注意指导学生认真阅读教材。

第三，数学阅读有助于个别化学习，使每位学生都得到发展。现代教育要使每位学生都能得到充分发展。实现这个目标仅靠集体教学是办不到的，其有效途径是将集体教学与个别学习相结合，而有效的个别学习的关键是教会学生阅读。要想使数学教育目标得以落实，不再让学生感到数学难学，就必须重视数学阅读教学。

第四，数学阅读有利于承继数学人文精神。要传承数学文化，仅依靠数学教材上的知识是不够的，仅立足数学课堂是不够的，仅依赖数学教师的传授是不够的，必须通过阅读的途径来继承优秀的数学文化，体会数学人文精神，轻视数学阅读就会导致数学人文精神的弱化和数学素养的不健全。

第五，数学阅读符合现代"终身教育，终身学习"的教育思想。未来社会要求人们不仅要有扎实宽厚的基础知识功底，更需要人们有较强的自学能力从事终身学习，以便随时调整自己来适应社会发展的变化。初中数学教学重视数学阅读，培养学生以阅读能力为核心的独立获取数学知识的能力，使他们获得终身学习的本领，这符合现代教育思想。

三、数学阅读教学现状

提高数学阅读能力是新课标对数学教学的要求，但目前数学课堂教学中存在两大主要问题：一是课堂上教师一言堂，学生被动学习，学习主动性没有很好地发挥；二是课堂教学中对于数学阅读的重视程度不够。主要体现在以下三方面：

第一，数学教材——被教师遗忘的学习材料。教师对教材关注度的降低，减少了学生与数学教材接触的机会，数学教材沦为习题集的陪衬。

第二，阅读能力——不得不说的痛。在对学生学业水平监测中发现数学阅读理解题解答情况令人堪忧，只有极少部分学生能在识别表面信息的基础上进行个性化的统计推断与决策，阅读层次不高。

第三，阅读指导——遭遇隔靴搔痒的尴尬。数学语言的符号化、逻辑化及严谨性、抽象性等特点，决定了数学阅读不同于其他的阅读，不能一目十行，需要学生全身心投入，需要认真细致，需要读写结合，需要积极的思维活动参与，更需要教师的阅读指导！教师要指导学生读出字里行间所蕴藏的精髓，读出问题，收获独到的体会及创新见解。

四、数学阅读教学现状的实证研究

课题组对上海某校95名学生进行了数学阅读教学现状调查（见本书附录一）。调查结果显示，被试95名学生中，超过40%的学生不喜欢阅读数学方面的书，超过60%的学生没有数学阅读的习惯，约40%的学生因为各种理由不是每天看数学书，超过90%的学生遇到数学问题不是通过阅读教材来寻求帮助，而是通过向学习同伴或者老师请教来解决疑问。只有约5%的学生在作业出现困难时选择自己看书。约55%的学生看数学教材是因为老师的要求。总之，该年级学生主动进行数学阅读的意识比较薄弱。

数据同时表明，约60%的学生看书时不进行标注，约30%的学生不会把数学笔记分类，约70%的学生凭自己的兴趣选择阅读内容。总之，该年级学生数学阅读时缺乏有效的方法。古语有云：不动笔墨不看书。而被试学生中大多数看书不动笔，也不知如何动笔，没有良好的阅读习惯和没有正确的阅读方法的学生大有人在。

根据调查数据可知，大多数学生不喜欢做信息很多的数学题；认为数学文字、符号、图形三种语言比较难理解的学生约占50%、20%、30%；超过40%的学生看不懂稍微复杂的逻辑关系；只有11%的学生会对阅读时遇到的不理解

的内容提出疑问。数据表明，学生的数学阅读能力不尽如人意。

问卷统计数据显示，被试年级的学生亟待形成自然的数学阅读意识、养成良好的数学阅读习惯、提高应有的数学阅读能力。

第三节　数学阅读教学的内涵

一、什么是数学阅读教学

（一）阅读

什么叫阅读？关于阅读有很多种不同的释义：《教育大辞典》中说"阅读是从书面语言获取文化科学知识的方法，信息交流的桥梁和手段"。《中国大百科全书》中提出"阅读是一种从印的或写的语言符号中取得意义的心理过程，阅读也是一种基本的智力技能，这种技能是取得学业成功的先决条件，它是由一系列的过程和行为构成的综合"。《阅读学原理》有云："阅读是读者从写的或印刷的书面材料中提取意义或情感信息的过程。"[1] 笔者认为以上表述虽然不尽相同，但是都指出了阅读是一种获得知识的重要手段和过程。阅读的本质，是一种复杂的心理过程，是读者与文本的交流。它不是对文本的简单复述或是破译，而是对文本的一种再创造，是读者通过阅读，获取信息从而建构或充实自己的知识与精神的过程。简而言之，阅读是读者将别人的"言"内化为自己的"知识"的过程，在这个过程中，读者的原有知识与文本中的信息产生碰撞、整合、内化，实现了知识积累和身心愉悦的建构。

（二）数学阅读

数学阅读，顾名思义是一种与数学有关的阅读过程，这种阅读过程类似于一般的阅读过程，也是一种复杂的心理活动过程。这个过程有语言符号（文字、数学符号、图表等）的感知和认读、新概念的同化和顺应、阅读材料的理解和记忆等各种心理活动因素，同时也包含一个不断猜想、假设、验证、反

---

[1] 陈丽云. 初中语文延伸阅读教学的探索与实践［M］. 长春：东北师范大学出版社，2020.

驳、证明、推理、想象的能动的认知过程。

目前对数学阅读理论的研究还不够深入，对数学阅读的定义也不是很明确。根据对一般阅读内涵的理解，结合数学学科的特点，可尝试对数学阅读作如下界定：数学阅读是一种从书面数学语言中获得意义的心理活动过程，是包含感知、理解、记忆等一系列心理活动以及分析、综合、推理、判断、归纳、演绎等一系列思维活动的总和。同时，数学阅读也是一种学习策略，包括设置目标、选择策略、反思过程等，即数学阅读也是一种元认知活动。

数学的符号化、逻辑性、严谨性、抽象性决定了数学阅读不能等同于语文阅读，它具有自己的特殊性。具体表现在以下几点：

第一，要求"眼看、心思、手到"。由于学科特点，数学阅读离不开计算、画图、推证。数学教材上很多推理证明的过程非常简略，阅读时，从上一步到下一步，常常需要纸笔演算、推理来"架桥铺路"。而且在阅读的过程中，常需要归纳概括出一些东西，如解题格式、证明思想、知识结构框图等，或举一些反例、变式来加深理解，以便复习巩固。

第二，数学阅读材料中文字语言、图形语言、符号语言相互交融，阅读时语意转换频繁。而数学语言又具有无歧义、简洁的特点，这就要求对每个术语、句子、图表都要认真阅读、分析、领会其含义。

第三，数学材料主要是用归纳和演绎的方式呈现，结构严谨，比较抽象，阅读时要多分析、思考、体会。

第四，数学材料中蕴含着丰富的数学思想。数学阅读就是要读者领会其中隐含的数学思想，形成自己的数学观念，掌握其中的数学方法，提高自己在数学意识、数学思维、数学技能和问题解决、数学语言与信息交流等方面的数学素质。

（三）数学阅读能力

数学阅读能力就是指顺利完成数学阅读任务的复杂的心理特征的总和，包括：

第一，对文字、符号、图形三种语言的识别。也就是说，学生在数学阅读的过程中，遇见学过知识的文字表述、符号表述、图形表述能识别出来。比如，学生已经学过了圆周率，那么看到"圆周率""π"，就应该知道两者是一回事。又比如，对于公式"$S = a^2$"，学生应该会识别 S 就是正方形的面积，a 代表正方形的边长。

第二，对数学问题中条件与结论，部分与整体的感知。例如，"对顶角相等"这个命题的条件是"若两个角互为对顶角"，结论是"那么这两个角相等"，学生要能够从简洁的文字中感知条件和结论。又如图 1-1，求阴影部分面积时需要学生感知阴影部分面积是正方形的一部分，它可以通过用正方形的面积减去四个扇形的面积得到，同时学生如果能感知四个扇形能拼成一个圆，是由一个圆平分成四份得到的，那么问题就更容易解决了。

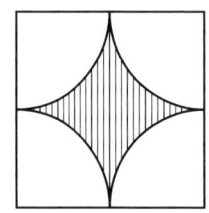

图 1-1 求解阴影部分面积

第三，对数学对象关系、运算的概括。例：

观察下列算式：

$1^2 + 1 = 1 \times 2$

$2^2 + 2 = 2 \times 3$

$3^2 + 3 = 3 \times 4$

……

请你将探索出的规律用含自然数 $n(n \geq 1)$ 的式子表示出来：_____。

数学阅读能力强的学生往往能从数字的变化、运算的不变中找出此类算式的规律，并能用式子概况表述出来。

第四，对数学概念、图形、问题的表述。例：

判断命题是否正确，并说明原因：角的两边是两条线段。

对于判断题的说理，数学阅读能力强的学生直接用文字表述，逻辑合理，表达清晰；而数学阅读能力较差的学生也许会结合图形讲解，他们不太能直接用文字说理，画图是他们说理的渠道；而数学阅读能力很弱的学生可能无法理解这句话。

第五，对数学材料的兴趣。数学阅读能力的强弱直接影响学生对数学材料的兴趣。笔者在课堂上发现越是不会数学阅读的学生，阅读专注力就越差，还没到时间就已经不再对数学材料感兴趣；而数学阅读能力强的学生，能力越强，越有钻研精神，因为他们能通过数学阅读获得成就感。

第六，对数学阅读方法、策略的选用。在数学阅读中是否能利用一定的方法辅助阅读，或者选择恰当的策略进行阅读也是一个学生数学阅读能力的体现。对易错题，数学阅读能力强的学生会借助圈点等方法标注易错易漏的条件，对于文字叙述较多的数学材料，他们会在粗读、细读、精读中，领悟数学材料所要传达的信息；数学阅读能力较强的学生会在阅读时借助画图、打草稿辅助自己理解数学材料。

（四）数学阅读教学

数学阅读教学，是指在数学学科内开展阅读的学习活动，组织指导学生阅读数学教材、教师提供的数学材料、课堂生成性资源，培养学生阅读数学材料的能力，引导学生学会自主学习的教学。它不但是一种重要的教学方式，而且是一种寓意深刻的教学理念。数学阅读教学，是以建构主义数学学习观为理论基础，秉持"导学结合，以学定教、读思结合，以思促读、讲评结合，以评促学"的教学理念。

数学阅读教学的背景是向学生提供阅读内容、活动机会、活动空间，使他们在独立阅读思考，与同学、老师的交流合作中掌握知识、发展能力。最终提高教师化"教"为"不教"的意识和能力，促使学生从"学会"向"会学"转变。因此，学生的大部分数学知识不是由教师"教"会的，而是在导读提纲的引导下自己"读"会的。数学阅读教学不再是以教师为中心，学生是其学习数学结果好坏的决定因素，教师是学生学习数学的辅助者，数学阅读教学"情景"的设计者。教师、教学内容、一切教学手段都在为学生的"学"服务。作为教师，全部工作的价值取向是：一切为了学生，一切服务于学生。教师的教学行为受控于学生的学习需要，教学以学生为本。

二、数学阅读教学的目标

（一）阅读意识的强化

在很多学生的意识之中，语文书是要阅读的，英语书是要阅读的。传统考试中，语文和英语都有阅读理解题。买课外书时学生们习惯性地会去买小说、美文欣赏、小品杂志、英汉双语阅读材料等，似乎阅读与数学是挂不上边的。学数学就是会做题、做练习。而当这些学生解题遇到困难或遇到自己不熟的新题型时，他们无法通过自主阅读，调用已经掌握的知识和方法解决问题，而只能依赖老师或其他同学。数学阅读教学的目标之一就是强化学生的数学阅读意识，并使之成为一种习惯。

（二）阅读方法的习得

数学是一门特殊的学科，在文字、符号、数字、图形的背后隐藏着它们特有的含义。如何透过这些载体领悟数学文本的含义？一些常用的阅读方法和技巧是必不可少的。教会学生一些数学阅读的方法和技巧也是数学阅读教学的目标之一。

（三）阅读兴趣的激发

学生通过学习掌握一定的阅读方法之后，能独立分析和领悟数学文本的含义，富有成就感，从而激发数学阅读的兴趣。

由经济合作与发展组织举办的国际学生评估项目是对各国某一年龄段学生阅读素养、数学素养和科学素养等三种素养的评估。其中就有设计相关的试题来测试学生数学素养，比如，如何阅读数学文本，在阅读数学相关问题时是主动阅读还是死记硬背，能否运用学过的数学知识和方法解决实际数学问题等。

通过数学阅读教学，笔者希望帮助学生积累一定的数学阅读素养，如阅读的连续性，边阅读边思考，不动笔墨不看书，在阅读时善于抓住关键概念、关键符号、关键条件，善于抓住数学知识之间的关系，习惯于比较新旧知识之间的联系等。

（四）阅读元认知的启蒙

做完数学题，教师常常提醒学生检查正误，这步工作似乎总是教师的任务。多数学生在完成数学作业之后不去检查反思。数学阅读教学的重要目标之一就是引导学生自学，并对自己所学进行反思评价。学习之后思考：是否已经对新学概念理解了？是否能正确运用新学方法解决数学问题了？还有哪些认识上的偏差？作业中经常出现的这些错误是怎么造成的？自己的学习方式有哪些值得推荐的地方、有哪些需要改进的地方？这些都是值得反思的。

三、数学阅读教学的特征

以下从阅读教学和传统教学的教学过程诸要素表现与所起的作用作一比

较（表1-1），来剖析它们之间的联系和区别。

表1-1 数学阅读教学模式和数学传统教学模式的比较结果

模式	教学目标	师生地位	教与学活动的比例	教学方法特征		教学组织形式
				教师	学生	
数学传统教学模式	以系统知识技能武装学生，使学生获得现成知识	以教师为中心，强调权威与纪律，学生处于被动地位	以教师为中心，侧重于如何教	多数注入式，少数启发式	模仿性学习，重记忆，轻思考	以班级教学为中心
数学阅读教学模式	传授知识技能与发展培养学生能力并重，着重培养学生的自主学习能力，教会学生学习，培养与他人交往的能力	教师起主导作用，在教师指导下学生主体性充分体现，强调师生民主、平等与合作的关系	教与学并重，但教是为了更好地促进学生的学，教是为了实现不教	启发式、问题研讨式、引导发现式	模仿性学习、自学讨论式、发现式、探索式	集体教学、小组教学、个别教学相结合

数学传统教学模式，以系统知识技能武装学生，目的是使学生获得现成的知识；以教师为中心，强调教师的权威性与纪律性，学生总是处于被动地位；教学活动中，依然以教师为中心，教师侧重于如何教；教师多数采用注入式教学，很少采用启发式教学，而学生则模仿性较明显，侧重记忆，不太重视思考；教学组织形式主要是以班级教学为中心。

数学阅读教学模式则将教学目标定为传授知识技能与发展培养学生能力并重，着重培养学生的自主学习能力，教会学生学习，培养学生与他人交往的能力；在教育教学过程中，教师起主导作用，主要通过启发式、问题研讨式、引导发现式教学，来指导学生充分发挥主体性与主观能动性；而学生更多的是进行模仿式、自学讨论式、发现式、探索式学习；师生关系是民主、平等与合作的关系；教学过程教与学并重，教是为了更好地促进学生的学，教是为了最终实现不教；所呈现出来的组织形式是班级集体教学、小组教学、个别教学相结合的形态。

四、初中数学阅读教学的特殊性

数学阅读过程同一般阅读过程一样，是一个完整的心理活动过程，包含语言符号（文字、数学符号、术语、公式、图表等）的感知和认读、新概念的同化和顺应、阅读材料的理解和记忆等各种心理活动因素。同时，它也是一个不断假设、证明、想象、推理的积极能动的认知过程。但由于数学语言的符号化、逻辑化及严谨性、抽象性等特点，数学阅读又有不同于一般阅读的特殊性。

（一）数学阅读需要较强的逻辑思维能力

由于数学语言具有高度抽象性，在阅读过程中，学生必须认读和感知阅读数学材料中有关的数学术语和符号，理解每个术语和符号，并能正确依据数学原理分析它们之间的逻辑关系，最后达到对数学材料的本真理解，形成知识结构，此过程中逻辑推理思维的运用特别多。

（二）数学阅读要求精读

数学语言具有精确性，每个数学概念、符号、术语都有其精确的含义，没有含糊不清或易产生歧义的词汇，数学中的结论对错分明，不存似是而非、模棱两可的断言，当一个学生试图阅读、理解一段数学材料或一个概念、定理或其证明时，其必须了解其中出现的每个数学术语和符号的精确含义，不能忽视或略去任何一个不理解的词汇。因此，浏览、快速阅读等阅读方式不太适合数学阅读。

（三）数学阅读要求认真细致

数学阅读由于数学教材编写的逻辑严谨性及数学"言必有据"的特点，要求对每个句子、名词术语、图表都细致地阅读分析，领会其内容、含义。对新出现的数学定义、定理一般不能一遍即过，要反复仔细阅读，并进行认真分析直至弄懂含义。数学阅读常出现这种情况，认识一段数学材料中每一个字、词或句子，却不能理解其中的推理和数学含义，更难体会到其中的数学思想方法。数学语言形式表述与数学内容之间的矛盾决定了数学阅读必须勤思多想。

（四）数学阅读往往是读写结合过程

一方面，数学阅读要求记忆重要的概念、原理、公式，而书写可以加快、加强记忆，数学阅读时，对重要的内容常通过书写或做笔记来加强记忆；另一方面，数学教材编写为了简约，推理的理由常省略，运算证明过程也常简略，阅读时，如果从上一步到下一步跨度较大，就要用纸笔演算推理来"架桥铺路"，以便顺利阅读；还有，数学阅读时还常要求从课文中概括归纳出解题格式、证明思想、知识结构框图，或举一些反例、变式来加深理解，这些往往要求学生做好笔记。

（五）数学阅读要求思维灵活

数学教材中的语言可以说是通常的文字语言、数学符号语言、图形语言的交融，数学阅读重在理解领会，而实现领会目的的行为之一就是把阅读交流内容转化为易于接受的语言形式。因此，数学阅读常要灵活转化阅读内容。如把一个用抽象表述方式阐述的问题转化成用具体的或不那么抽象的表达方式表述的问题；把用符号或图表形式表示的关系转化为语言形式以及把语言形式表述的关系转化成符号或图表形式；把一些用语言形式表述的概念转化成用直观的图形表述形式；用更适合自己的语言表述正规定义或定理等。

五、数学阅读教学的主要内容

在初中数学教学中进行阅读教学，阅读内容主要有如下几个方面：

（一）阅读目录标题

目录标题是教材的纲目，是每一章节的精华。阅读目录标题就等于了解了全文的框架结构。阅读了教材内容就会使目录标题具体化，可逐步养成"标题联想"的习惯。

（二）阅读法则概念

数学教材中的法则、概念的叙述都非常严谨。要正确理解概念中的字、词、句，能正确进行文字语言、图形语言和符号语言的互译；注意联系实际找出正反例子或实物；理清概念的内涵和外延，就是说既能区分相近的概念，又能知道其适用范围。

（三）阅读数学定理

注意分清定理的条件和结论；探讨定理的证明途径和方法，通过与教材对照，分析证明方法的正误、优劣；注意联系类似定理，进行分析比较、掌握其应用；思考定理可否逆用、推广及引申。

（四）阅读数学公式

弄明白公式的来龙去脉，会推导公式；明白公式的特征；注意公式的应用条件，弄明白有关公式的内在联系，了解公式的运用、逆用、合用、变用和巧用。

（五）阅读数学例题

认真审题，分析解题过程的关键所在，尝试解题；与教材比较解法的优劣，并使解题过程的表达既简捷又符合书写格式；注意总结解题规律并努力去探求新的解题途径。

六、数学阅读教学的材料

（一）数学教材

数学教材由数学课程教材编制专家精心编写而成，是教师教学的主要材料，具有一定的阅读价值。在数学教学中，教师应注重培养学生阅读数学教材的习惯，提高学生阅读数学教材的意识。优秀的数学阅读材料，要给学生足够的思考和创造空间，这有利于学生主动地去探索结论。现行的数学教材，在编撰时，还是习惯性地将解析过程、解答方法一览无遗地呈现在教材上。因此，教师不妨根据自己对教材的理解与把握，对教材进行添减，适当地留白或者添加，利用导读提纲的形式发给学生，使学生在妙"读"中生"花"。

（二）教师提供的数学材料

除了教材外，教师还可以结合课堂教学内容，提供一些数学材料给学生阅读。比如，新授课时可以提供一些与本节课有关的拓展材料给学生阅读，习题课时可以提供典型习题给学生阅读，复习课时可以提供典型性错误的纠错题给学生阅读，试卷讲评课时学生的考试试卷就是上课的阅读材料。

（三）课堂生成性资源

所谓的"生成性资源"，指的是将学生或教师在数学课堂学习中派生出来的思维成果作为一种学习材料，它可以是丰富的尝试思路、错误的解题集萃，或是根据要求编写出的各种数学问题等。将教师和学生的数学思考成果作为阅读材料，亲切自然，不仅可以生出阅读的快感，而且引导学生学会关注、理解、整理他人的学习思路，为己所用。

七、数学阅读教学的原则

在初中数学教学中进行阅读教学，应当遵循如下教学原则：

（一）主体性原则

教师从根本上承认和尊重学生的主体性，使学生能动地参与到数学阅读活动的全过程中，将进行的数学阅读活动作为意识对象，不断自主进行积极的监测、调节；学生独立规划数学阅读进程，获得必要的信息和资料；学生不断培养自我监测、自我调节的习惯，逐步学会探索地进行数学阅读与数学学习。阅读课一般要经过学生自主阅读或合作性的学习、探究，当学生经过集体合作探究仍然不能解决某些问题、理解某些内容时，教师再进行精讲点拨。

（二）差异性原则

学生在个体发展、学习方式、知识基础、思维品质等多种因素上的差异导致学生数学阅读能力的差异，这也决定了教师必须对不同层面学生给予不同的关注。在数学阅读过程中，学生独立阅读的过程为教师提供了充足的课堂巡视时间，此时教师能够将统一学习变成个别指导，重点对个别阅读能力较差的学生进行指导。此原则还要求教师在学生自主学习的基础上，重点讲易错点、易混点、易漏点；学生已经学会了的不讲，学生通过自主阅读能够学会的不讲，教师讲了学生怎么也学不会的不讲，充分利用有效时间完成教学。

（三）内化性原则

内化的基本条件是对数学语言的感知水平，不仅包括对数学学科本身的概念、法则、定理、公式等的理解，而且包括元认知水平的控制和调节。因此，在数学阅读过程中，学生要在教师的帮助下不断地充分实践监测的各种具体策略和技能，进而逐步内化为自我监测能力，从而能在新的条件下，灵活运用这些策略和技能进行自我监测。

（四）反馈性原则

个体的自我反馈、自我评价的意识和能力是至关重要的。教师应及时、准确、适当地对学生的自我监测进行评价，指导他们逐步学会对学习方法、策略运用及结果进行反馈和评价。同时，学生根据教师的指导，对数学阅读的自我监测过程所用的策略及结果进行调整和改进，不断提高思维的抽象概括水平，从而不断发展与完善自己的数学认知结构。

（五）建构性原则

数学阅读过程是数学建构的过程，是通过对数学材料进行部分与整体的交替感知去构建数学结构，领悟形式化运动的过程。在数学阅读过程中学生主动探索，充分利用数学知识特有的逻辑性和数学内容的结构特点，不断在教材内容的适当地方由上文提出猜想、估计，再通过与已知相对照，加以修正，从而获得新知识。

八、数学阅读教学的基本策略

数学教材的每一章、每一节都相当于一篇逻辑严谨的说明文。数学教师应成为学生阅读数学教材的咨询者和协调者。如何针对数学教材的特点，选择合适的、符合学生认知发展水平的阅读方法，需要教师给予学生科学的、清晰的指导。

（一）创设问题情境，激发阅读兴趣

兴趣是最好的老师，是学习的内在动力，是开发智力的钥匙。有了兴趣，学生就能产生强烈的求知欲，主动进行学习。在初中数学教学中，教师可以根据教材特点、学生年龄特征和个性特点，以教材为载体，以语言训练为主要内容，创设问题情境，激发学生数学阅读兴趣。在学生进行数学阅读之前，教师可以适当地创设一些难度适当的问题情境，诱发和保持学生的阅读兴趣。创设的问题要精辟而具体，要有针对性，要有适当难度，要富有启发性。教师通过呈现与学生原有知识相矛盾的现象，设置悬念；或提供几个相互矛盾的方案、解答，使学生产生认知上的冲突，激发学生的好奇心和求知欲，激发学生阅读兴趣。

（二）加强方法指导，掌握阅读方法

随着阅读经验的积累，学生数学阅读理解能力不断提高，教师指导学生进行数学阅读的方式也应有所不同：第一层，教师先编拟提纲，让学生在提纲的指导下阅读数学教材，明白教材中的主要内容，通过阅读达到初步认识概念、定理、公式、法则等目的；第二层，由于数学教材中概念、性质、法则、公式以及解题方法、操作步骤的表述具有很高的严密性和逻辑性，教师要恰当地分析教材，恰到好处地在重难点及思想方法上巧妙地点拨，使学生真正吃透教材；第三层，重点放在教师设计问题或学生提出问题，加以探究与应用，从而使学生真正地利用知识解决实际问题。善于从一般原理的高度去认识新知识，从知识系统的角度去把握新材料，融会贯通地深入思考，真正理解数学教材所包含的严密的逻辑关系，从而提高理解的层次，增强解决问题的灵活性。

（三）优化阅读过程，提高阅读技巧

数学阅读的过程是一个积极的思考过程，教师应根据不同的阅读任务和性质，合理安排阅读时间。教师向学生提出阅读要求，让学生带着问题边阅读边思考，使阅读更有效。数学阅读不能只是用眼浏览，而应是眼、口、手、脑等器官协同参与。教师要引导学生在数学阅读中质疑，质疑的过程是学生逐步理解问题的过程，也是思维能力发展、自学能力提高的过程。质疑使学生观察得更仔细，学生发现问题的能力逐步提高，自然思考也越来越周密、深刻。教师还要引导学生在数学阅读中比较，比较可以使学生充分发挥主观能动性，让学生将新旧知识联系起来，实现学习过程的正迁移，实现举一反三、触类旁通。数学阅读中常用的比较方法有同中求异法和异中求同法。同中求异可以让学生明白许多旧知识可以帮助解决新问题；异中求同可以让学生体会到数学问题虽

然是千变万化的，但很多问题有着共同的规律，很多知识具有内在的联系。

（四）拓展阅读内容，培养阅读习惯

数学教材是数学基础知识的载体，无疑是数学阅读的主要内容。通过阅读数学教材，学生不仅可以学习知识、探索规律、锻炼思维，还可以通过数学图形和数学规律感知数学美。此外，课外数学科普读物，包括数学史、数学学习方法、趣味数学、数学专题讲座相关学习材料、数学学习指导材料和以初中学生为读者对象的数学及自然科学期刊等，对于开阔学生的数学视野、发展学生的数学思维也是不可或缺的。拓展阅读内容，培养良好的阅读习惯，可以使学生较快地提高数学阅读能力。在理解的基础上，学生可以通过实践和训练来提高数学阅读速度，从而节省学习时间，提高学习效率。

九、数学阅读教学的注意事项

课堂进行数学阅读教学时还应注意以下问题：

（一）阅读初期要加强对学生的阅读方法的指导

在数学阅读教学的初期，为了让学生掌握科学的数学阅读方法，教师要率先示范，帮助学生养成良好的数学阅读的习惯。

（二）注意根据学生的年龄特点、认知水平设置导读提纲，提高阅读的效率

低年级的学生数学阅读能力较弱，教师可采用导读提纲引导学生阅读，设置较详细的导读提纲，逐步提高学生的数学阅读的能力。

（三）合理安排阅读时间，控制阅读进程

阅读时间太长影响教学进度，也不利于学生良好数学阅读习惯的养成；阅读时间太短，学生来不及思考，数学阅读也就会流于形式。

（四）课堂教学组织的重点应放到阅读指导和阅读交流上

教师应关注学生如何通过数学问题解决，有目标地实现阅读能力水平的提

升。因此，无目的地让学生看书，或让学生在阅读交流中无边漫谈，都是浪费宝贵时间的表现。

（五）及时反馈阅读信息

数学教师可采用提问、练习、互相讨论等方式加强信息交流，检查数学阅读效果，并要注意随时发现问题，使得数学阅读指导更具有针对性。

（六）处理好自主学习和指导的关系

教师在教学过程中既要防止一讲到底也要防止一议到底，该讲的内容还是要大胆地讲，有的放矢，做到少而精。

（七）处理好预设和生成的关系

教学设计应环环相扣，使教学得以顺利进行，如果过程中生成有利于阅读文本的理解和感悟，需及时调整教学的节奏，但不必担心预设的进程"失控"。

第四节　数学阅读教学的价值

一、数学阅读教学是教学方式的创新

（一）教学理念创新

在实践中项目组提出了"导学结合，以学定教、读思结合，以思促读、讲评结合，以评促学"的教学理念，朝着"教"是为了"不教"的目标努力，有效推动了教师教学观念和教学方式的转变，促进了学生学习方式的转变。

（二）行动机制创新

形成了问题反馈与及时回应的每月一报机制、同伴互助与专家指导机制、分散与集中相结合的教研机制、阅读开放日的展示机制，有力推动了数学阅读教学的实施，培养了一支理念先进，懂教学、勤钻研、善实践，适应教学改革和能够起示范作用的教师队伍，提升了学生自主学习、交流表达的能力。

（三）教学模式创新

以建构主义数学学习观为理论基础，构建了不同课型的四种数学阅读教学模式，引领教师有效实施数学阅读教学。

（四）教学资源创新

依据设计附加问题可以吸引学生注意的原理，采用问题的形式，开发了系列化具有导读、导思功能的导读提纲的文本资源；同时根据阅读教学实施的要求，结合数学学科各种课型的特点，开发了一系列具有典型性、指导性、借鉴性的数学阅读教学实践视频资源。

（五）评价体系创新

根据数学阅读能力的内涵，构建了学生数学阅读能力评价指标体系，以信息熵为理论依据确定各指标权重，采用模糊聚类的评价方法分析学生数学阅读能力水平。

二、数学阅读教学促进教师和学生的共同发展

（一）数学阅读教学提高了学生自主学习及交流表达的能力

对教师的问卷调查结果显示，100%的教师表示开展阅读教学提高了学生关注数学教材的程度，提高了学生的自主学习及交流表达能力；在对学生的访谈中，有学生这样描述："我很喜欢上数学课，课堂就像一个大论坛，我们在课堂上尽情发表自己的意见，课堂上有思维碰撞激起的火花。"

（二）数学阅读教学提升了学生的阅读能力

对试点学校1 177名和非试点学校856名同质的学生进行数学阅读能力检测，采用信息熵的概念给每个评价指标进行了赋权，并用模糊聚类的评价方法对学生数学阅读能力的测试结果进行分析。通过分析结果可以看出，试点学校学生在"阅读辨析""抽象概括""概念理解"等阅读能力方面均优于与之同质的非试点学校学生，且差异显著，这充分验证了实施数学阅读教学对提高学生的数学阅读能力水平有积极作用。

(三) 数学阅读教学促进了教师的专业发展

对上海市长宁区教师关于阅读教学的认同度、影响度、适应度的调查结果显示：100%的教师认同阅读教学的理念，观念上发生了较大的转变；100%的教师认同阅读教学常规模式，愿意改变自己原有的教学方式，积极在自己的课堂中实施新模式；94.1%的教师认为实施阅读教学对教师提出了更高的要求，促进了自己理论的学习和教学反思；85.2%试点学校的教师指出，虽然实施阅读教学需要教师付出很多，但同时也为教师的成长搭建了一个很好的平台，有了自我展示的机会。从数据分析的结果显示，教师对于阅读教学是认同的，也认为其为自己和学生带来的影响是积极的。上海市绿色指标测试数据也反映出教师教学方式指数从2011年开始呈逐步上升趋势。

第二章　数学阅读教学的实施策略

第一节　数学阅读方法指导

一、做好"三读"

数学教材具有极高的阅读价值。要在数学课上融入阅读教学，就要从阅读数学教材开始，让学生养成认真阅读数学教材的好习惯。数学阅读教学中，教师要充分利用数学知识的逻辑特点，引导学生在阅读过程中，积极思考，对教材中提供的"原材料"——概念、定理、公式、例题、习题等，主动进行猜想、分析、抽象、概括、综合、归纳，从而建构起实质意义上的而非人为的数学知识"产品"，进而将新知识纳入已有的认知结构中。对于低年级学生，教师在进行阅读教学时，应注重培养学生养成良好的数学阅读习惯，学会"粗读、细读、精读"。

（一）粗读，学会标注

一是可对教材的全部目录及每章概述部分进行阅读，以了解教材或章节的学习内容。章头语的阅读能让学生对章节要学的知识有一个初步的总体认识，明确要学的内容，做到心中有数、目的明确。同时认真阅读每章节内容的小结，学会自我总结，对于学生而言是一个归纳、总结、提升的过程（图2-1）。

二是可对某一章节进行第一遍阅读，目的是了解该部分的基本知识点，对

 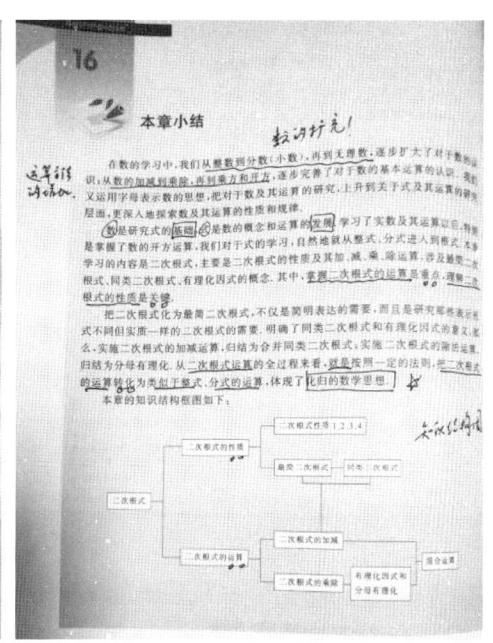

图 2-1 数学教材章头语和章节小结

于不清楚、不明白、有疑问的地方进行标注,可在后续参与小组学习活动时提出问题。例如:

金同学在阅读"角的概念与表示"例题时没有读懂图,他将这幅图进行了标注。在小组交流时他提出这个问题,同时还有其他同学也有这个疑问,这时金同学不仅降低了挫败感,通过交流讨论,还在随后的细读过程中得到了启示,最终理解了该图的意义。

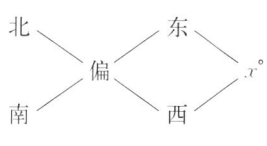

29

（二）细读，学会思考

进行数学阅读时教师要指导学生学会联想，建立新旧知识之间的联系，使知识系统化，并能及时发现问题和提出问题。

学习是学生自主的活动，数学阅读教学中，教师要尽量少讲一点，多引导学生去阅读，逐字逐句地读，认认真真地读，"熟读精思"，领会含义，发现并提出有价值的问题，强化所学内容。这样，相较于教师机械地传授让学生生硬地记住一个现成的结论，更有实用价值。例如：

学习分数的基本性质时，教师让学生阅读后举例说明对概念的理解，有的学生能理解"同时乘上或除以"，有的学生能理解"相同的数"，但对数的理解还不够全面。这个数可以是整数也可以是小数，能否是"0"呢？学生马上就明白（因为在前面已讨论过"0"的情况）。这时再将分数的基本性质进行变形判断，强化对"同时""相同"及"0除外"的理解和运用。

$$\frac{3}{5} = \frac{3 \times 2}{5 \times 2} = \frac{3 \times 5}{5 \times 5} = \frac{3 \times \frac{1}{2}}{5 \times \frac{1}{2}} = \frac{3 \times 0.25}{5 \times 0.25}$$

$$\frac{4}{7} = \frac{4 \div 2}{7 \div 2} = \frac{4 \div \frac{1}{3}}{7 \div \frac{1}{3}} = \frac{4 \div 0.35}{7 \div 0.35}$$

即 $\frac{3}{5} = \frac{3 \times m}{5 \times m}$ （$m \neq 0$）

$\frac{4}{7} = \frac{4 \div m}{7 \div m}$ （$m \neq 0$）

因此，一些概念，一定要让学生充分阅读理解之后才能得出，才能被"消化吸收"。再通过教师的引导和小组的讨论，就能加深学生对概念的理解。

初中预备年级数学基础知识一般都是从学生的生活经验出发，运用直观图形，结合文字说明展开的，再通过算式加以具体化。所以实际教学中，与其让教师讲懂，不如让学生读懂。积极引导学生把读文字、看图形、动手操作和推演算式有机地结合起来，凭借学生自身的感知、领悟，去理解知识、获取知识，提高学习效率。

数学教材中相关知识及许多习题的后面都附有说明或小括号式的提示语，如，例题概念中"运算符号"的括注：教材特指加、减、乘、除的运算符号；数学教材主要版面下面的小字文等。对于这些说明或提示语，学生在阅读时千万不可忽视，往往解题的某一条件或关键正隐藏在这里面。同时，对课后选学内容，教师也应在课余时间指导学生学会上网查阅相关的阅读材料来帮助理解问题。

（三）精读，学会概括

在粗读、细读之后，学生已经基本掌握了学习内容的结构和知识体系，有了一定的基础，但仍然存在一些值得推敲，需要进一步深入思索的地方，因此有必要进行精读。精读可以让学生进一步了解教材上安排各例题的目的，概括出典型题型；思索定义是否有限定条件；解题步骤是否有普遍性等。学生通过对这些问题的推敲、思索，不仅能促进对教材的"甚解"，更重要的在于能激发创造性思维，使自己的独立思考能力得到更好的发展。

通常情况下，只有在发现了规律后，才能去发现其特点、认识事物的个性，才能真正发现事物的本质，才能创造。因此，在数学阅读教学过程中，教师还要注重训练学生的发散性思维，指导学生能从事情的几个方面、多个层次来看问题，可以顺向思维，也要学习逆向思维，以培养学生的自学能力和讨论能力。讨论过程是学生反馈信息、互相交流的过程，也是接受教师指导、纠正错误、提高认识、形成规律的过程。通过讨论，不同的观点相互碰撞，思维更加活跃，沿逆向或多向发展，学生的意志品质也会在潜移默化中得到培养。例如：

在学习"0"为什么不能做"比的后项"的问题时，教师先让学生阅读教材内容，然后组织小组讨论："比"与除法、分数有怎样的关系？"0"做"比的后项"会出现什么情况？读教材内容是顺向思维，学生对这个问题基本是一知半解，并未真正明白含义，通过讨论：假设"0"可以做"比的后项"会出现什么情况？使学生明白"0"如果可以做"比的后项"也就意味着可以做除数和分母，在小学阶段学生就已获知"0"做除数没有意义，也可以说"0"不能做除数。在学习分数与除法时，学生知道了分母相当于除法中的除数。这样引导学生以议代讲，事半功倍，学生就可以在轻松愉快的环境中，自己寻得知识，思维也更加活跃。

二、学会阅读反思

所谓"阅读反思"，即对阅读过程的再思考，是对已过去的阅读历程、阅读效果的一种重审。总结成功经验，反思存在的不足，随时进行拾遗补阙，纠偏救失，从而更好地调整自己的阅读方法与步骤，有效地促进阅读质量的提高。在反思中，学生的思维可以向更深、更广、更全、更新的方向延伸。阅读反思是一种学习方法，更应成为一种阅读习惯。

不同的课型所采用的阅读方式不同，因此每种课型的阅读反思的侧重点也不同，教师应主要就新授课与复习课分别指导学生根据实际情况学写阅读反思。

每节新授课后，针对本节课的知识点，教师指导学生对学习方法、知识点探究的过程、自己的收获与不足、自我评价，进行反思。学生不仅反思学习过程中的掌握情况，还反思自己阅读过程中的成功之处与遗漏部分，同时对自己的学习行为进行反思，除此之外还可以在小组总结活动时从其他同学那里得到学习方法的提示和收获。

如在学习"扇形的面积"一课后，学生可以对探究公式推导过程进行方法上的反思：

片段一：对于 $s=\frac{1}{2}lr$ 的理解，我只想到了它与三角形面积公式相似，但是没有继续思考下去，所以没有想到可以把扇形近似看成三角形，扇形的弧长就相当于是三角形的底，半径就是高，这样就可以利用计算三角形面积的方法来计算扇形面积了。

教师的试卷讲评课、复习课也会采用数学阅读教学模式。课上，通过组织学生自纠、互纠、集体讲解的形式，既让学生通过阅读错题知道了自己的不足，同时还提高了对各知识点的认识。

片段二：今天的一堂课令我感受很深，这节课运用了与以往不同的教学方法，以小组为单位进行讨论，我不会的题目在讨论中弄懂了。我还发现同学们都做对的题而我做错了是不应该的，做题应更仔细，特别是计算题。小组中有些同学题目错了，我给他们讲解，教别人的同时自己也在复习。后来老师讲了大家都解不出的题，令我的印象更深刻。

片段三：阅读理解题主要考察我们对题目的理解，即能否读懂、读清题目，会不会按照范例依样画葫芦；其次考察观察能力，即能否注意到每一个小细节，做到精益求精。这次做题反映出我的草率和盲目，只是粗粗瞄了一遍题，就开始作答了，以致于我没能领会题目的实质，真是太不应该了。

学会阅读反思可以使学生自行调节阅读策略，选择阅读方法，这有利于提高阅读质量。更为重要的是可以培养学生自我调控的意识和能力，增强学生的主体意识，提高学习的自觉性。可见阅读反思是一种亟待培养的阅读习惯。

三、组织数学阅读教学，培养数学阅读能力

数学阅读的核心是对数学的理解，提升学生的数学阅读技能不是一蹴而就的，而是一个循序渐进的过程。数学课一般可分为概念课、原理课、习题课和复习课，对于不同课型的阅读内容，教师应提出不同的阅读要求，让学生带着问题边阅读边思考，同时在课堂教学中灵活地加以引导。

（一）概念课和原理课的阅读

学生在学习概念、原理等的过程中，阅读时应抓住关键字词，做到"三会"，即会叙述、会判断、会举例。对相近概念的定义能比较异同。对概念、原理能理清思路，讲清因果，明确使用的条件和范围。教师可从以下五个方面引导学生思考：

（1）概念是如何得来的？有何实际背景？

（2）概念是如何表述的？有什么值得学习的地方？

（3）该概念的定义是否有其他等价形式？可以用其他语言描述吗？

（4）运用概念时要注意哪些问题？

（5）该概念有什么作用？

例如：

在阅读"一个最简分数，如果分母中只含有素因数 2 和 5，再无其他素因数，那么这个分数可以化成有限小数"这个概念时，学生应注意思考：概念是怎样得来的？为什么要规定"最简分数"和"只含有"这两个条件？在阅读理解基础上进行推理论证时，学生应明白这个规定的重要性。

在阅读"将 a 与 b 相除，叫作 a 与 b 的比"这个概念时，学生要注意这个定义说明"比是有序的"。对于"$b \neq 0$"，应抓住"比与除法、比与分数"的关系来理解"比"的概念。

在阅读"经过两点有一条直线，并且只有一条直线"和"两点确定一

条直线"这些几何语言时,某些字词的含义不易理解,教师应该分层次地进行解释,帮助学生去理解。如:前面的"有"表明直线的存在性,后面的"只有"表明唯一性,就是"唯一存在"。"确定"两字包含了"有"和"并且只有"双重意思,"有且只有"等同于"确定"。

在初中预备年级数学教学中坚持这样引导学生主动阅读、思考、理解知识,能有效培养学生的数学阅读能力。

(二)公式定理课的阅读

数学定义、定理公式是数学基础知识的重要组成部分,是培养学生数学阅读能力的最佳教材,学生必须通过阅读来感知定义、定理中有关的数学术语和符号,理解每个术语和符号所表示的含义,进而能运用相关知识分析它们之间的逻辑关系,并与新的印象联系起来,同化形成自己的知识结构,最后达到对定义、定理的真正理解。教师可从以下六个方面引导学生去思考:

(1)定理的条件是什么?结论是什么?

(2)定理可用来解决什么问题?

(3)定理推导的总体思路是什么?是否有其他推导方法?

(4)条件是否可以减弱?结论是否可以推广?

(5)条件与结论是否可逆?

(6)定理是否还有等价的变化形式?

另外还应要求学生学会把文字语言、数学符号语言、几何语言进行相互转化。如几何定理的内容是文字语言,学生不仅要读懂文字内容,还要分清题设和结论,画出相应的图形,写出对应的几何语言;公式中的字母的取值限制以及字母所代表的广泛意义重在理解,要在理解中运用、在运用中熟练掌握;把一些用文字形式表述的概念转化成直观的图形表述形式。例如:

在阅读"$\angle A$ 与 $\angle B$ 互余"时,应很快想到"$\angle A + \angle B = 90°$"。在读到"$\angle C + \angle D = 180°$"时,应很快想到"$\angle C$ 与 $\angle D$ 互补"。

阅读线段中点定义,在读到"点 P 是线段 AB 的中点"时,应很快就想到"$AP = PB = \frac{1}{2}AB$"和"$AB = 2AP = 2PB$";在阅读"OC 是 $\angle AOB$ 的平分线"时,应很快想到"$\angle AOC = \angle BOC = \frac{1}{2}\angle AOB$"和"$\angle AOB = 2\angle AOC = 2\angle BOC$"。

在阅读思考的过程中还能将文字所表达的含义画出图形,也就是将文字语言转化成图形语言并用符号语言表示出来,能正确完成这种转化,对题目也就理解了。

(三)习题课的阅读

数学教学离不开习题教学,它是数学教学中的一个重要环节。教材中的例题具有典型性和示范性。教学过程中教师应做到让学生自己独立阅读题目。认真审题是解题的前提,是阅读能力的直接体现。审题时要求对每个句子、每个数学术语、每个图表都细致地阅读分析,领会其内容、含义,要求手脑并用,读写结合。尤其是遇到信息量大、条件多的题目时,更要学会画图或列表,帮助理清各个数量之间的关系。

在教学过程中,教师还应根据学生的实际知识水平和应用题的难易程度,进行相应的数学阅读示范,引导学生找出问题中的量和量之间的关系的关键字词、语句并标注,从而掌握数学阅读的要领。例如:

小明爸爸每天早晨在同一时刻从家骑车去工厂上班,如果以每小时 16 千米的速度骑行,则可提前 15 分钟到达;如果以每小时 10 千米的速度骑行,则会迟到 12 分钟。试求小明家到工厂的路程是多少千米?

思考问题:通过阅读可获得哪些信息?(已知什么量?求什么量?设什么量为未知数?)本题中的基本数量关系是什么?($s=vt$)应寻求什么量之间的等量关系?(一般已知数量关系中的一个量,设另一个量,就寻求第三个量之间的等量关系,因为可以用已知数和 x 表示出第三个量)

教师按照这样的思考过程有针对性地引导学生阅读和理解,可帮助学生很方便地列出方程。当然这里还必须理解时间的关系:"提前 15 分钟到达"表示什么?"迟到 12 分钟"表示什么?对题目中的关键词如"提前到达""迟到"等表示的意思都要正确理解,才能得到正确的等量关系。例如:

在阅读理解"求实际造林比原计划多百分之几?"时,要学会把隐含的意思补充完整,完整问题是:实际造林比原计划多的公顷数是原计划的百分之几?

所以学生阅读时要仔细领会、认真分析、理解方法、掌握规律,同时学会通过阅读把例题中隐含的知识点及数学思想、方法等挖掘出来,这一点尤为重要。接下来还要弄清解题的步骤,看懂解题过程,理解法则、公式在解题过程中的运用，注意书写格式。最后还会产生新的问题，如能否检验，核对结果？能否把这一方法用于其他问题？对于试题的阅读，通常会要求学生对解答过程能批注出每一步的解题依据，同时还要求重视解题方法、技巧的思考，这对活跃思维、培养良好的思维素质都有积极的作用。对于阅读中遇到的一些疑点、难点或理解不太透彻的地方，可以先反复阅读教材，寻求答案，也可以在阅读中与同伴交流，还可以请教老师、家长和高年级同学，在交流、请教中消化解决问题。

在进行数学例题阅读时，有时需要动手演绎，有时还需进行批注，包括为重点内容画上重点符号，有疑问的地方画上"？"等。例如：

阅读《一元一次不等式组》"例题 3 解不等式组：$\begin{cases} \dfrac{5-2x}{4} > \dfrac{3-2x}{6}, & (1) \\ 5x \leqslant x - 14. & (2) \end{cases}$

解：由①，得 $15 - 6x > 6 - 4x$，解得 $x < \dfrac{9}{2}$. 由②，得 $4x \leqslant -14$. 解得 $x \leqslant -\dfrac{7}{2}$. 这两个不等式解集的公共部分是 $x \leqslant -\dfrac{7}{2}$，所以，原不等式组的解集是 $x \leqslant -\dfrac{7}{2}$."整个解题的过程很简洁，学生在阅读时，需考虑 $x < \dfrac{9}{2}$ 与 $x \leqslant -\dfrac{7}{2}$ 是怎样得出来的。

数学阅读教学要求学生在阅读例题的解答过程中能批注出每一步的解题依据，要求学生把解题过程中省略的部分补充出来，边读边动手以达到对整个解题过程的真正理解和掌握。例如：

在阅读例题：$\dfrac{3}{5} - \left(\dfrac{3}{5} - \dfrac{1}{4}\right)$ 时就要先学会"读题"，可以理解为"$\dfrac{3}{5}$ 减去 $\dfrac{3}{5}$ 与 $\dfrac{1}{4}$ 的差，结果是多少？"；其实这个例题还可以理解为"$\dfrac{3}{5}$ 与 $\dfrac{1}{4}$ 的差比 $\dfrac{3}{5}$ 少多少？""$\dfrac{3}{5}$ 比 $\dfrac{3}{5}$ 与 $\dfrac{1}{4}$ 的差多多少？"等。

学生应学会用多种方法读同一个例题，同时，在阅读的过程中还要注意例题本身的特点及其普遍性。

（四）复习课的阅读

复习课是对所学内容进行系统地再现、巩固与内化的教学活动。同时，它又是有针对性的诊断教学。通过一定的复习，教师应解决一些学生混淆不清的知识，弥补一定的知识漏洞，并帮助学生建构起自身的知识体系。教师可从四个方面引导学生去思考：

（1）本章节的重点是什么？难点是什么？

（2）能否把前后知识串联、综合成一个网络图。

（3）本章节学习了哪些新方法、新技巧？

（4）是否还有疑问没有解决？

因此复习课可分以下两种形式来指导学生的阅读能力：

一是利用学生作业中的典型错题，通过阅读纠错，提高概括总结的能力。首先指导学生课前将自己作业本中出现的错题收集起来，然后和小组同学一起将错题分类整理，以备在课堂上以错题的形式呈现给其他同学。教师则将每个小组收集到的和自己收集的进行综合整理，要求错题涉及的知识点能覆盖整章的知识结构，并将这些具有代表性的错题在课堂上呈现给学生，呈现的过程中就会发现问题的根源所在，学生在课堂上自然就会将此作为学习重点。让学生独立阅读题目后自己辨析并标出相应的错误处，学生在辨析的过程中对自己以往的错误会有重新认识的机会。最后由教师设计有针对性的习题组检测问题是否解决。这样坚持训练，学生的辨析、总结能力就会大大提高。通过这样的课型让学生知道：有错误不可怕，可怕的是一个人经常犯同样的错误。对待学习也是一样的道理，错了一次就不该在相同的地方错第二次、第三次。为了帮助学生不在以前的错误上再出现差错，教师可以让学生每人准备一本《错题集》，把自己最近做错的习题归纳起来，经常去看一看、翻一翻，这样既可以避免重复的错误，也可以提高学习的针对性，使学生知道学习上的遗漏问题或者是薄弱环节。这也是一种反思，是学习的反思。反思"错误"，其实是进步的台阶，"错误"也是一种重要的学习资源。只要学生把平时的测试和作业上的"问题"真正地全部搞清楚了、理解了、掌握了，学习也就不是什么难事了。

二是指导学生课前根据导读提纲及本章知识点的"总结篇"认真阅读教材，要求学生先看目录，做到整体回顾，这样可通过对照目录检查自己对本章

知识的掌握情况，也有助于回忆学过的知识内容，看到课题就能够说出这课内容讲了几个问题、各有几个知识点，整个过程也有助于提高学生的数学阅读能力。再根据提示总结出本章的知识框架、思想方法等。课上教师适当地帮助学生把零碎的知识理成"一个纲"，使所学过的知识系统化、整体化。学生自主归纳、整理知识，也就是优化储存程序的问题，教师在这个环节上，应该起"润滑剂"的作用，给予不同的学生不同的指导，也可以在不同层次学生之间起"穿针引线"的作用，将一块一块"布"裁缝成衣服。经过对知识的整理，学生的数学阅读能力也随之上了一个台阶。

培养学生数学阅读能力的主阵地是课堂，将数学阅读渗透到数学教学课堂之中，在阅读教材的过程中指导学生采用科学的阅读方法，激发学生阅读的兴趣。通过阅读，引导学生发现问题、提出问题、解决问题。通过训练良好的阅读习惯，提高学生的数学阅读水平，培养数学阅读的能力，让学生学会自主学习，主动获取知识，获得终身学习的本领。

第二节 数学阅读教学中导读提纲的编制

《义务教育数学课程标准》明确提出，自学能力对每个人终身有用，阅读是提高自学能力的重要途径。这就要求教师在教学中要注意"指导学生认真阅读数学材料"，并在这个过程中提升学生的数学阅读能力。从阅读现状和教学实践来看，用导读提纲搭建数学阅读的学习支架，可以有效提高学生的学习效率。

一、数学阅读中编制导读提纲的必要性

数学阅读能力的培养要经历一个"从扶到放"的过程，可分为初级与高级两个阶段。初级阶段，需要导读提纲提供支架，教师出示阅读材料和导读提纲后，会指导组织学生根据导读提纲阅读并交流。而高级阶段，则不需要提供导读提纲和材料，而是学生直接接受阅读任务，并自主阅读、解决问题，最后教师只是参与学生的交流评价活动。

这一过程将数学阅读能力的培养模式转变为数学问题解决模式，即把静止的阅读材料转化为数学问题的解决，实现数学阅读能力水平的提升。导读提纲是教师搭建的数学阅读的桥梁，它是教师根据阅读材料的特点编制的，一般由问题组成，通过问题引导学生自主学习，完成阅读任务和学习任务。因此，在数学阅读能力培养的初级阶段，运用导读提纲是教师对学生进行阅读指导的有效工具，是培养学生数学阅读能力的切入点，可以帮助学生领会阅读要点，初步掌握阅读方法和策略，进而学会读书，提高学习效率。

二、数学阅读中编制导读提纲的基本原则

（一）目的明确，让学生更好地理解阅读内容

教师通过分析的教学内容以及学生的阅读能力和知识基础，梳理学习内容的难易程度，明确学生的最近发展区，从而编制符合班级学生实际认知情况的导读提纲，引导学生通过阅读更好地理解掌握学习内容。

（二）层次清晰，让学生阅读有路可循

导读提纲的问题呈现要有层次性，需要按照教材知识呈现的顺序，而且要符合学生的认知规律，能够从浅到深、由外及里地引导学生有序学习、处理问题，主动地获取新知识。导读提纲的问题覆盖面也要有层次，既要让每个学生都能够体会到成功阅读的喜悦，又要考虑各个层次的学生需要，体现数学阅读教学的差异性。因此，问题的设置要有容易、中等、较难三个层次。

（三）问题精准，让学生明确阅读的关键支点

导读提纲主要是以问题为引导，激发学生的思维，引导学生持续深入思考，所以应该根据不同的课型的特点以及本节课的重点、难点，精设问题。如果问题含糊、指向不明，容易误导学生，学生可能不知道该怎样回答；问题过多、没有梯度，学生容易被牵着鼻子走，思维得不到很好的锻炼；问题不科学，不但起不到示范引领的作用，还容易给学生造成负面影响。因此问题的设置一定要从启发学生思维的角度出发，精心设计，为学生自主、有效地架构知识体系提供最切实的帮助。

三、数学阅读中编制导读提纲的策略

教师在进行数学阅读教学的初始阶段应根据数学学科的特点以及概念课、原理课（公式、定理、法则、性质）、复习课三种主要课型的教学规律制定适配的数学阅读策略，合理地编制导读提纲，引导学生进行有效的、有针对性的阅读。

（一）概念课导读提纲：突出概念的举例和辨析

概念课的导读提纲要能够让学生学会分析概念的关键字词，通过对关键字词的理解去认识并理解新概念的内涵；同时也通过让学生辨析和举例理解概念的外延；同时也注意引导学生把新学概念和与其相近的概念进行区分，加深对概念的理解。例如：

"比的意义"的导读提纲：

(1) 通过阅读教材，知道了哪几个概念？请圈画出概念中的关键字词。

(2) 还能举出一些符合这些概念的例子吗？

(3) 比和比值有什么区别和联系？

(4) 比、分数和除法三者之间有什么关系？

根据数学阅读教学的要求和概念教学的规律，第一个问题是引导学生阅读教材，学生"按图索骥"找出本课中涉及的几个新概念，让各个层次的学生都有阅读成功的体验；第二个问题是通过学生自主举例理解概念的内涵与外延；第三个问题是对相近的两个概念进行区分，避免混淆；第四个问题是寻找新旧概念之间的区别与联系，帮助学生进一步理解新学概念。

（二）原理课导读提纲：经历过程，领悟思想

原理课导读提纲的设计要注重引导学生体验原理的形成过程、注意原理成立的条件，在让学生尝试猜想、归纳原理的过程中领悟其中蕴含的数学思想，从而培养学生良好的数学思维品质；与此同时也要强化学生对文字语言、图形语言、符号语言这三种语言互相转换的能力。例如：

"分数的乘法"的导读提纲：

（一）阅读思考

1. 图中灰色部分的面积是_____，如何得到？

2. 图中深灰色、浅灰色部分的面积分别是_____，如何得到？

3. 由问题 2 能否说出 $\dfrac{4}{5} \times \dfrac{2}{3}$ 的意义？

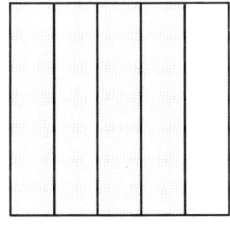
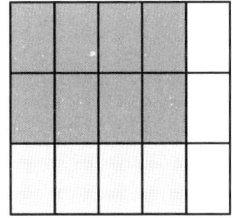

第 1 题图　　　　　　　　第 2 题图

（二）归纳猜想

1. 能否尝试归纳分数乘法的意义以及两分数乘法 $\dfrac{q}{p} \times \dfrac{m}{n}$ 的计算法则？

2. 分数乘法公式成立的条件是什么？

问题的设置要符合原理课的教学规律，其中"阅读思考"主要是引导学生经历"分数乘法法则"的形成过程，并体验"从特殊到一般"的数学思想方法；"归纳猜想"主要是引导学生尝试自己归纳总结"分数乘法公式"，并注意"分数乘法公式"成立的条件。

（三）复习课导读提纲：优化知识结构，构建知识网络

复习课是数学教学的重要形式之一。教育心理学表明：经过一个阶段的新课教学，学生能掌握简单的概念和解题技巧等松散的点状知识体系，且易忘记，因此需要复习。教师通过复习课的教学，可以帮助学生回忆知识，查漏补缺，构建知识系统，同时也能够帮助学生掌握解题策略和数学思想方法，提高综合能力。因此，复习课导读提纲主要是引导学生通过阅读教材，对已经学过的知识进行整理和深加工，从而重新构建知识网络，使学生的知识结构得到重组、扩建和深化，使学生建构良好的数学阅读策略。例如：

《比和比例》复习课的导读提纲：

阅读教材《比和比例》章节内容，思考下列问题并完成相应的表格。

问题1：除法、分数、比三者之间的关系是什么？

除 法	被除数	÷（除号）	除数	商
分 数				
比 $a:b$				

注意：b 满足的条件是_____。

问题2：比、比例的意义是什么？它们具有什么基本性质？

比 较	比	比 例
意 义		
各部分名称	$a:b$	$a:b=c:d$ 若_____则_____叫作比例中项
基本性质		

通过上述两个问题，利用表格的形式引导学生将所学的概念、性质加以整理、归类，理清概念、性质之间的关系，将知识连成点、串成线，建立章节的知识网络体系，使知识纵横贯通，有利于学生对所学知识的存储和检索。

总之，数学阅读中方法比知识更重要，要让学生在阅读中掌握方法；思路比结论更重要，要让学生在阅读中梳理思路；问题比答案更重要，要让学生在阅读中寻找问题；体验比接受更重要，要让学生在阅读中分享体验。而导读提纲则是激发阅读兴趣、促进理解的好帮手、默默陪伴的思维老师、潜在的阅读向导，通过问题的引导，把学生的注意力指向重要信息，确保学生的阅读思维在关键处展开。但需要注意的是导读提纲不能成为学生终身学习的拐杖和进行创造性阅读学习活动的障碍，也要注意鼓励学生发现、提出、分析问题，把导读提纲的使用过程变成一个提出问题、解决问题的创造过程，并与讲解、练习等有机结合在一起，共同构筑数学课堂教学的最优结构。

第三节 数学阅读教学实施的基本环节

数学阅读教学是指在数学学科内开展阅读的学习活动,是教师组织指导学生阅读数学教材、提供数学材料、培养学生阅读数学材料能力、引导学生学会自主学习的教学。

建构主义学习观认为,数学建构学习有三个特征,即个人体验、智力参与和自主活动。学习活动中学习者的主动性和积极性是个体建构的命脉,是学习者高水平智力参与并产出个人体验的重要保证。通过课堂中的实践探索,总结提炼出数学阅读教学基本结构图,如图2-2所示:

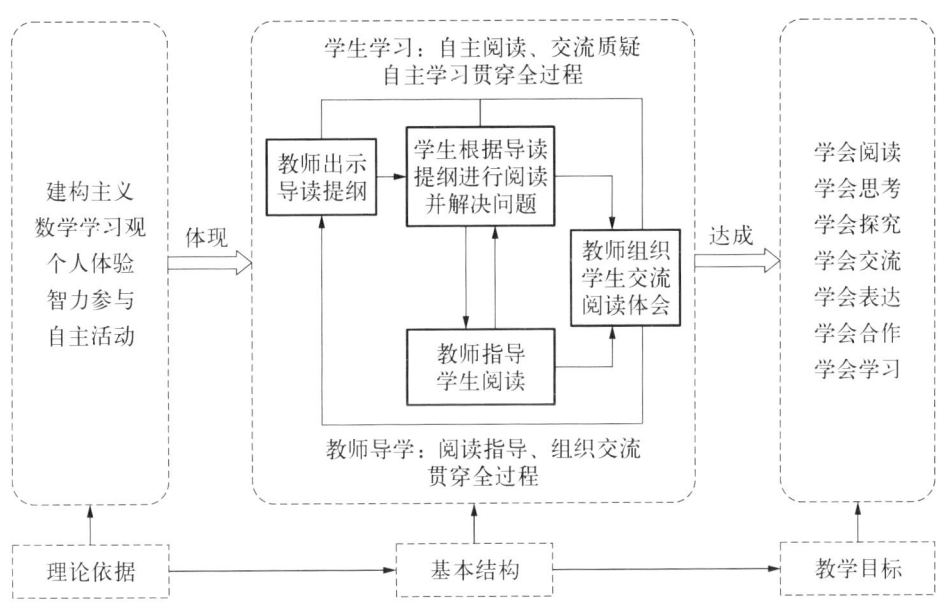

图2-2 数学阅读教学基本结构图

教学模式指的是教学过程的基本结构或典型形式,是一个实践概念。教学模式的实践价值在于其简约性和可模仿性。简约性是指教学模式舍去了复杂的教学过程中一些具体的、次要的、非本质的东西,而抽象出主要的或本质的东西,或者说教学模式是用简约的方式反映教学过程。可模仿性是指教师可以按照教学模式所提供的基本框架进行实践操作。正因为简约,所以便于把握;正因为可模仿,所以便于操作,有再生的实践价值。明确教学模式的客观存在和实践价值,并不是要将教学模式绝对化,而是同时强调它的相对性。要知道,教学模式≠教学公式,教学有模但无定模,只有合适的教学方法,没有最好的教学模式和方法。模式是一种措施,采取哪种模式要考虑是否服从和服务于教学有效性。数学阅读教学的模式是:导学结合,以学定教——读思结合,以思促读。

数学阅读教学常见的有如下几种模式,可以按照相应的操作流程开展。

一、"自学—指导"数学阅读教学常规模式

这是针对概念课、原理课的一种数学阅读教学模式,改变以往的教师讲授的新知识体系构建方式,让学生在导读提纲的指引下通过自主阅读、思考、探究的方式完成新知识体系构建,该模式具有以下三个操作要点:

(一)出示提纲,引导自学

教师出示导读提纲,学生自主阅读数学材料,独立思考问题,独立完成概念、定理的探究,经历概念、定理的形成过程。

(二)讨论质疑,精讲深化

学生自学后,师生互相讨论,明辨是非,解决疑难,同时,学生可向教师提出疑难问题,师生共同分析讨论,使问题得到解决。解决问题的过程也是教师讲清重点和难点,揭示规律和渗透思想方法的过程。

(三)阅读检测,反馈纠错

教师编制一定量的数学阅读检测题,使学生进一步理解内化所学知识,发现问题后,教师有针对性地给予讲评。

二、"练习—指导"数学阅读教学常规模式

这是针对习题课的一种阅读教学模式,重点训练学生阅读习题的方法以及引导学生获得解题策略,该模式具有以下三个操作要点:

(一)出示提纲,学生思考

教师出示导读提纲,学生根据提纲中的问题完成题目阅读以及习题的思考,并运用已学的知识和方法,尝试独立完成有关习题。

(二)师生探讨,相互交流

在独立完成的基础上,师生相互交流各种解题方法,通过学习教师或学生提供的解答,开阔视野,纠正失误。

(三)阅读检测,巩固提高

教师编制一定量的数学阅读检测题,使学生进一步理解内化所学知识,发现问题后,教师有针对性地给予讲评。

三、"完善—指导"数学阅读教学常规模式

这是针对复习课的一种阅读教学模式,改变以往先复习知识点再练习做题的方式,通过指导学生阅读教材和错题,对已有的知识进行整理、加工以及对以往的解题过程进行反思,从而达到完善知识结构和解题策略的教学目标,该模式具有以下五个操作要点:

(一)课前阅读,归纳总结

学生课前带着导读提纲中的问题阅读教材,总结本章的知识框架、思想方法等。

(二)出示错题,独立纠错

教师将学生在本章中出现的典型错误进行收集整理,要求错题涉及的知识点能覆盖整章的知识点,并在课堂上以改正错题的形式呈现给学生,让学生自己独立阅读题目后纠错,使之在体验的过程中对自己以往的错误有重新辨析的机会。

(三)小组讨论,问题汇总

学生相互交流探究,通过小组合作使部分问题得到解决。最后小组将本组

有争议的问题和通过集体讨论仍不能解决的问题汇总给教师。

（四）讨论质疑，精讲深化

问题汇总后，师生互相讨论，明辨是非，解决疑难。同时，学生可向教师提出疑难问题，师生共同分析讨论，使问题得到解决。解决问题的过程也是教师讲清重点和难点、总结本章知识点和数学思想方法的过程。

（五）变式练习，阅读检测

教师引导学生从不同的侧面和角度，采用适当的方式进行变式练习，使学生进一步理解内化所学知识，教师有针对性地给予讲评，起到数学阅读检测的作用。

四、"纠错—指导"数学阅读教学常规模式

这是针对试卷讲评课的一种阅读教学模式，改变了以往教师对学生的需求不是很了解的情况下逐题讲解的模式或者是站在教师的角度挑选典型例题讲解的模式，该模式具有以下四个操作要点：

（一）阅读试卷，自查自纠

学生根据导读提纲自主阅读试卷，进行自我纠错，并在自我纠错的过程中在题目旁注明错误原因。

（二）小组讨论，问题汇总

学生相互交流、探究，通过小组合作使部分问题得到解决。最后小组将本组有争议的问题和通过集体讨论仍不能解决的问题汇总给教师。

（三）讨论质疑，精讲深化

问题汇总后，教师有针对性地给予讲评，使教学更有针对性。同时，学生可向教师提出疑难问题，师生共同分析讨论，使问题得到解决。

（四）变式练习，反馈纠错

教师根据当前试卷学生完成的实际情况，采用适当的变式练习，让学生课

后独立完成。学生通过变式练习，既可以巩固本节课所学知识和数学思想方法，也可以进一步检测自己对知识和数学思想方法的掌握情况。

五、数学阅读教学实施的原则及注意事项

（一）阅读教学实施的原则

阅读教学是数学教学的一种形式，其目的是通过长期的锻炼，在数学阅读中激发学生的好奇心与求知欲，通过独立思考，解决问题，让学生体会阅读成功的喜悦，培养学生的主动精神，使学生发现自身价值。同时，在数学阅读中，鼓励学生发现、提出、分析问题，使数学学习成为一个提出问题、解决问题的创造过程，并养成数学阅读的良好习惯。数学教师应加深对数学阅读价值在素质教育中重要作用的认识，自觉改进教学方法，主动把数学阅读纳入课堂环节中，与讲授、练习等有机结合在一起，共同构筑数学课堂教学的最优结构。

（二）阅读教学中的注意事项

一是教师要转变观念，改变教学模式。这种教学方式对教师的要求更高，因为数学阅读教学把教师要讲的知识的理解过程，通过学生自主阅读来完成。这就要求教师在课堂教学中必须精心策划，学生阅读交流时，教师要仔细听取学生对知识的理解并进行判断、积极引导，这更加需要教师有深厚的教学功底。

二是要遵循先学后讲的原则。这是关于教学的总要求。新授课一般要经过学生自主阅读或合作性的学习、探究，当学生经过集体合作探究仍然不能解决某些问题、理解某些内容时，教师再进行精讲点拨。

三是要遵循三讲三不讲原则。要求教师在学生自主学习的基础上，重点讲易错点、易混点、易漏点；学生已经学会了的不讲，学生通过自主阅读能够学会的不讲，教师讲了学生怎么也学不会的不讲，充分利用有效时间完成教学。

四是处理好"常模"和"变模"的关系，数学阅读教学和其他数学教学一样，有一定的模式，但是在实际教学中也应根据具体内容灵活运用各种教学方法。

阅读教学不但是一种重要的教学方式，而且是一种寓意深刻的教学理念，需要教师在教学中不断探索和实践。

第三章 数学概念课阅读教学实践案例与评析

第一节 对数学概念课教学的认识

数学概念是反映现实世界的空间形式和数量关系的本质属性的思维形式，是数学知识的基础，是数学教材结构的最基本的因素，是数学思想与方法的载体。数学概念是人们通过实践，从数学所研究的事物对象的许多属性中，抽象出其本质属性概括而成的，概念的形成，标志着人的认识从感性上升到理性。在数学概念课教学中需要关注如下几个方面的问题。

一、概念引入的重要性

在数学教学中，概念的引入是基础知识传授的起点，也是学生构建数学知识体系的基石。一次恰当的概念引入能够激发学生的学习兴趣，帮助他们形成对数学知识的直观理解。因此，教师在设计教学方案时，应注重概念引入的趣味性、启发性和针对性，使学生能够迅速进入学习状态，为后续的学习打下坚实基础。

二、重视直观展示与实例讲解的应用，强调理解与记忆相结合

数学概念往往比较抽象，为了帮助学生更好地理解和把握，教师可以通过直观展示和实例讲解来辅助教学。例如，利用几何图形、数轴等工具展示数学概念的空间结构和数量关系；通过实际问题的例子来阐述数学概念的应用背景和意义，这样的教学方式能够让学生更直观地感受数学概念的本质，提升学习效果。

理解是记忆的基础，而记忆又是理解的巩固。在数学概念课教学中，教师应注重理解与记忆的结合。一方面，通过深入浅出的讲解和丰富的实例帮助学生理解数学概念的本质和内涵；另一方面，通过反复练习和强化记忆来巩固学生的学习成果。同时，教师还可以引导学生采用联想记忆、比较记忆等方法，提高记忆效率。

三、关注逻辑推导与体系构建、学生错误的分析与纠正

数学概念之间存在着严密的逻辑关系，教师在教学时应注重逻辑推导和体系构建。通过引导学生分析数学概念之间的内在联系和逻辑关系，帮助他们建立完整的知识结构体系。这样不仅能够使学生更好地理解数学概念的本质和内涵，还能够提高他们的逻辑思维能力和问题解决能力。

学生在学习数学概念的过程中难免会出现错误，教师应对学生的错误进行及时的分析和纠正。通过分析错误产生的根源，帮助学生认识到自己的错误并找到正确的解决方法。同时，教师还可以将学生的典型错误作为教学案例进行剖析和讨论，帮助学生加深对概念的理解和记忆。

四、重视应用实践与反馈、巩固与拓展训练

数学概念的学习不仅仅是理解和记忆的过程，更是应用和实践的过程。教师应注重引导学生将所学知识应用到实际问题中去，通过实践来检验自己的学习成果。同时，教师还应关注学生的学习反馈，及时了解学生的学习情况和困难所在，以便调整教学策略和方法。

为了巩固学生的学习成果和提高他们的数学素养，教师应设计一些巩固练习和拓展训练。巩固练习可以帮助学生加深对数学概念的理解和记忆；而拓展训练则可以培养学生的创新思维和问题解决能力。通过这样的教学方式，学生的数学素养将得到全面的提升。

数学概念的学习是数学学习的基础，在概念学习中，学生经历"材料感知—辨析比较—归纳概括—抽象命名"的概念形成过程，帮助学生丰富对概念内涵的认识。教师不仅要引导学生经历对事实材料辨析、比较、分析的过程，帮助学生学会透过事实材料的表面现象发现其本质特征，使学生逐步形成

由表及里发现问题本质的数学眼光；而且还要引导学生经历归纳概括和抽象命名的过程，帮助学生逐步形成辨析比较、概括提炼的抽象能力，提升学生准确、简洁和严谨的数学语言表达能力。

第二节　数学概念课阅读教学的功能

数学概念课是数学学习的基石，不仅为学生提供了数学知识的基本框架，还是学生数学思维和问题解决能力发展的重要基础。在数学概念课教学中，数学阅读教学扮演着至关重要的角色。在数学概念课教学中开展数学阅读教学对促进学生知识理解深化、思维训练拓展、阅读能力提升、学习兴趣激发以及自学能力强化等方面都发挥了积极作用，数学概念课阅读教学的功能主要体现在如下几个方面。

一、深化知识理解，拓展思维训练

数学概念课阅读教学能够帮助学生深化对数学知识的理解。通过阅读，学生可以更加系统地掌握数学概念的内涵和外延，理解概念之间的逻辑关系，构建完整的数学知识体系。此外，数学阅读教学还能够通过不同角度、不同层次的解释和示例，加深学生对数学知识的理解，使他们能够更好地运用数学知识解决问题。

数学概念课阅读教学在训练学生思维能力方面具有重要作用。通过阅读，学生可以接触到各种数学问题和解题思路，学会从不同角度思考问题，提高思维的灵活性和创新性。同时，数学阅读教学还能够培养学生的逻辑思维能力和抽象思维能力，帮助他们更好地理解数学知识的本质和规律。

二、提升阅读能力，激发学习兴趣

数学概念课阅读教学对于提升学生的数学阅读能力具有积极意义。数学语言具有其独特的特点和规律，通过数学阅读教学，学生可以逐渐掌握数学语言的阅读技巧和方法，提高阅读速度和准确性。此外，数学阅读教学还能够帮助学生养成良好的阅读习惯和思维习惯，使他们能够更好地适应数学学习的需要。

数学概念课阅读教学能够激发学生的学习兴趣。通过数学阅读，学生可以了解到数学知识的广泛应用和重要性，认识到数学学习的价值和意义。同时，数学阅读教学还能够为学生提供丰富多样的学习资源和阅读材料，满足他们的好奇心和求知欲，使他们更加积极主动地投入到数学学习中。

三、强化自学能力，养成阅读习惯

数学概念课阅读教学在强化学生自学能力方面发挥着重要作用。通过数学阅读，学生可以逐渐掌握自主学习的方法和技巧，学会如何自主获取信息、筛选信息和整理信息。此外，数学阅读教学还能够培养学生的独立思考能力和解决问题的能力，使他们能够在没有教师指导的情况下独立完成学习任务。

综上所述，数学概念课阅读教学在知识理解深化、思维训练拓展、阅读能力提升、学习兴趣激发以及自学能力强化等方面都具有重要功能。因此，在数学教学中，我们应该充分重视阅读教学的作用，通过有效的数学阅读教学策略和方法，提高数学教学的质量和效果。

第三节　数学概念课阅读教学的流程及原则

在数学概念课阅读教学中，教师可以通过优化课堂教学结构，提供阅读材料、安排阅读环节，提高学生对数学概念的认识，加深学生对数学概念的理解。

一、数学概念课阅读教学的基本流程与具体环节

（一）基本流程

（二）具体环节

环节一：创设情境，自主阅读。通过创设情境，引导学生自主学习。情境可以来自学生生活中的真实问题，可以是数学问题，也可以是教师针对本节课的概念学习编制的阅读材料或者阅读提纲，目的是引导学生经历概念的形成过程，从情境中归纳出一组对象共同的本源特征。这是一个在特定场域中开展自主学习的过程，而这个特定的问题场域需要教师精心设计教学情境。

环节二：小组互动，初识概念。在学生自主学习的基础上开展小组交流，同一小组成员之间交流阅读体会、对情境中问题的认识。通过交流促进学生对问题的理解，借鉴其他同学的认识，解决自己的困惑，纠正自己思维的偏差，弥补自己思维的不足。通过对教材相关内容的阅读，对数学概念有一个初步的感知和认识。

环节三：班级交流，师生再读。在小组交流的基础上，教师组织班级交流，各小组派一名代表讲述概念的形成过程以及对概念的理解，其他同学可以质疑、提问，引发学生对问题的争论，在争论中促进学生思考，把学生的思维引向更深刻的维度。在此基础上，组织学生再精读教材中的相关材料，正确理解概念的内涵与外延。

环节四：当场检测，深解概念。经过以上环节学生对本节课的教学内容已经基本掌握，但掌握的程度如何需要通过评价环节了解，针对本节课的数学概念，进行当场检测，检测学生对本节课学习内容是否掌握到位，此时教师的问题设计就显得尤为重要。学生通过解决问题，加深对概念的理解，教师在其中答疑解惑，引导学生深度学习。

环节五：教师点拨，师生小结。课堂教学进入小结环节，在教师的点拨下，师生共同回顾概念的形成过程、概念的理解过程、概念的应用过程，构建概念结构图，从知识层面和解决问题的方法层面对本节课进行总结，特别需要总结数学阅读对加深概念理解所起的作用，强化阅读环节的功能，让学生喜欢阅读。

二、数学概念课阅读教学的原则

（一）字、符、图、表结合，丰富阅读内容

数学阅读应该是广义的，包括阅读文字、符号、图形、表格等。数学阅读

课较好地运用了教材开展阅读。例如，在"比的意义"概念课阅读教学中，一是安排了概念的阅读，对关键字词的解读更好地帮助学生理解了概念；二是在本节课中学习了"："，通过概念和实际生活的例子，较好地让学生体会了这一符号的含义；三是结合比的概念的学习，让学生体会书中两幅图所包含的比的意义；四是通过表格的阅读，更好地对比、分数、除法三者进行了清晰的比较。这样的数学阅读，丰富了学生的阅读内容，让学生以不同形式去解读概念，体会数学阅读与其他阅读的不同。同时，这样的阅读能逐步提高学生的数学阅读的素养。

（二）灵活选择，变化阅读方式

阅读的方式是多种多样的，而每一种方式都有特定的作用。数学阅读教学中，对于概念的阅读可采用精读的方式，精读的方式可以对概念进行深层次的解读，对概念中关键的字、词进行圈画，使学生更容易理清数学语言词汇的内涵，既要注意语义解释，又要注意句法分析，逐步增强学生的数学语言理解能力。而对疑问的标注则可以提升学生对问题的思考程度，培养学生发现学习问题并及时解决的能力。例如，在"比的意义"概念课阅读教学时，在导读提纲中重视数学语言的理解，要求学生找关键字词，理解它们的作用和意义，圈画有疑问的地方。这样的咬文嚼字、逐字逐句的阅读，对于学生概念阅读能力的培养是十分有益的。本节课在学生完成了比、分数、除法三者比较的表格后，让学生对教材上的内容进行朗读，这一过程既是让学生对自己填写的内容进行核验的过程，也是让学生加深印象的过程。在例题学习和数学阅读检测交互这一环节采用交互阅读，可以使概括、类比、推理、分析、综合能力的训练伴随学生独立获取新知识的整个过程。而课外阅读中的拓展性阅读内容，可以让学生采用浏览的方式完成。不同阅读方式的选择，能促进对阅读内容的理解，使学生的阅读更有效。

（三）因"材"施教，调节阅读顺序

在数学阅读中，学生对不同的阅读内容的接受程度和理解程度是不同的。这就需要教师找到更合理的处理方式，来帮助学生完成对概念的理解。对于不同的阅读内容，可结合不同学生的不同需求，选择了不同的阅读顺序。如：在概念教学时，对于学生没有学习过的比的概念，让学生先阅读，再学习分数和除法的相关概念，思路还是比较清晰的，因此，选择了让学生先填表，再阅读教材的内容的方式。在数学阅读教学中，还可以将例题学习与数学阅读检测相结合，让学生先尝试解决数学阅读检测的内容，若能解决，再回答导读提纲中的问题；若不能解决，则先阅读教材的例题和导读提纲获得提示后，再解决数学阅读检测的问题。这样的阅读顺序的调整，更贴近教材的特点，也结合了学生的实际。

（四）拓展课外阅读，增加阅读深度

课外阅读是课堂教学的有益补充和深化。例如，"比的意义"概念课阅读教学中，在让学生进行小结后，对学生提出两个问题："比赛的初始比分中后项为什么是零？""有不同类量的比吗？"这两个问题显然看起来与教材相"悖"，因此，更能激发学生的探求欲望，吸引学生去阅读其中的内容。通过课外阅读的内容，可以使学生对教材中的"比"与体育比赛中的"比"有更清楚的区分。同时，通过了解不同类量的比可以深化学生对"比"的理解，也为学生今后学习物理、化学中的相关内容做好知识的渗透。

（五）关注学生反馈，提升阅读指导

任何教学开展的有效性都应在学生的"学"上体现，而学生在课堂中的积极思考，学生间的互动讨论和学习，都可以促进学生的学习，因此，在数学阅读课堂中也应给予学生充分的空间。例如，"比的意义"概念课阅读教学中，虽然在概念阅读、比、分数与除法关系研究和数学阅读检测的完成等环节都安排了学生讨论，但是由于在引入的环节与学生的互动不够顺畅，整节课的节奏受到影响。总的来说，在与学生互动的环节，没有给予更充分的空间，学生讨论不够充分。同时，在最后的数学阅读检测环节，学生的练习情况反馈也不够全面。没有在不同层次的学生身上得到充分的反馈信息，即对于学生的数学阅读检测环节缺乏指导性。在今后的教学中，应给予学生更充分的空间，体现学生更多的观点和看法，真正做到"以学定教"。

第四节　数学概念课阅读教学案例分析

一、教学案例1：比的意义

（一）教材分析

比在数学中是一个重要的概念，体会比的意义和价值是本章节教材内容的核心。教材以一系列情境为学生理解比的意义提供了丰富的直观背景和具体案例，对后续学习特别是综合应用各种知识解决问题具有重要意义，也为今后学习比的应用以及比例的知识奠定了基础。

"比的意义"是数学教学的一个重要概念，是《比和比例》这一章第一节的起始课，是在学生已经学过除法的意义、分数的意义以及分数与除法关系的基础上学习的。本节课是在学习了数的整除与分数的基础上，开始研究比的意义。通过前面的学习，学生已经初步掌握了分数的意义，并可以理解分数与除法的关系，这为本节课比的意义的学习做好了铺垫。

（二）学情分析

学生在之前分数的学习时出现了问题，特别是计算容易出错。因此，教师在上"比的意义"这节课的时候要关注学生对之前所涉及章节的掌握情况以及对本节课知识点的理解情况。

生活中事例的引入，在让学生感受到我们祖国日渐强大的同时，也激发了学生的好奇心和求知欲，变被动阅读为主动阅读。随后通过对重要的字、词进行圈画，有疑问处做好标注，引发学生对材料中的重点、难点的思考；通过让学生自己举出生活中的例子，可以更好地让学生感受生活中的比，并体会比的意义；通过理解比、分数、除法三者的关系，对比出三者之间的差别和联系。

（三）教学目标

（1）通过数学阅读学习，理解比和比值的意义，学会其写法、读法；能区分比和比值，会求比和比值。

（2）在探究解决问题的方法的过程中，理解比、分数与除法之间的关系；

体验比与生活的密切联系，增强自主探索与合作交流的数学意识，培养良好的阅读习惯。

（3）在解决实际问题过程中，能感受到数学知识来源于生活又可应用于实际生活，激发学习数学的兴趣。

（四）教学重点

理解比和比值的意义，学会求比和比值。

（五）教学难点

理解比的意义，建立比的概念。

（六）教学过程

环节一：创设情境，自主阅读

被称为"中国航天第一人"的杨利伟，在2003年10月15日上午9时乘坐我国第一艘载人飞船神舟五号顺利升空，环绕地球飞行14圈，历时21小时23分，而后成功返回。消息传来，举国欢庆，我们的航天员杨利伟也自豪地在飞船里向全世界展示了联合国旗帜和中国国旗。杨利伟展示的两面旗帜都是长15 cm、宽10 cm。

你能用怎样的算式表示旗帜长和宽的关系呢？（学生回答）

教师小结：表示这样的两个数量关系可以用减法，也可以用除法。在用除法来表示两个量之间的关系时还可以用比的方式。究竟怎么表示呢？这就是我们今天要学的新知识——比的意义。

设计意图：从生活中的例子导入新课，能发现比在生活中的应用，从中培养学生在生活中发现、提出数学问题的意识，引起学生的阅读兴趣。

环节二：小组互动，初识概念

1. 比和比值的意义

阅读"比的意义"中比和比值的概念，并思考以下问题（导读提纲）：

（1）比的意义是什么？

（2）比的写法有哪些？

（3）比的读法是怎样的？

（4）什么是比值？

(5) 比和比值有什么区别?

(小组合作学习,交流想法)

(1) 比的意义:两个数或两个同类的量 a 与 b 相除,叫作 a 与 b 的比;

(2) 比的写法:记作 $a:b$ 或 $\dfrac{a}{b}(b \neq 0)$;

(3) 比的读法:读作 a 比 b 或 a 与 b 的比;

(4) 比各部分名称:在 $a:b$ 中,a 叫作比的前项,b 叫作比的后项,":"叫作比号;

(5) 比值:前项 a 除以后项 b 所得的商叫作比值。

2. 比的应用

结合教材上的图示,用比的意义说明"苹果和甜橙""长、短铅笔"图示所表达的含义。

你还能举出其他"比"的例子吗?(学生回答)

设计意图:让学生通过自己阅读教材来了解比的读写法、各部分的名称,培养学生的学习能力。然后组织学生汇报学习成果,引导学生介绍求比值的方法。

环节三:班级交流,师生再读

1. 比、分数和除法的关系

(1) 讨论:比、分数与除法三者之间有怎样的关系?

关系	比、分数与除法的关系				比、分数与除法的区别
比	前项	:	后项	比值	表示两个数或量的关系
分数					
除法					

学生独立尝试、小组交流后,反馈:

关系	比、分数与除法的关系				比、分数与除法的区别
比	前项	:	后项	比值	表示两个数或量的关系
分数	分子	—	分母	分数值	是一种数
除法	被除数	÷	除数	商	是一种运算

(2)你能用自己的话说一说它们的关系吗?阅读教材第77页思考2中的内容,检验讨论、交流结果的正确性。

2. 例题学习

根据教师、学生在"比的应用"所举的例子,让学生利用比与分数和除法的关系,尝试求比值。

求下列各个比的比值:

① 36∶6   ② $1\dfrac{2}{5}∶\dfrac{3}{7}$ ③ 7.5 cm∶40 mm   ④ 18秒∶1.5分钟

结合学生的解答提问:

(1)这四个例题的数据各有什么特征?

(2)说一说求比值的一般方法是什么?

(3)通过③④的解答,你认为求比值时应该注意什么?

(4)观察四个比的比值的结果,你有什么发现?

教师小结:求两个同类量的比值时,如果单位不同,必须把这两个量化成相同的单位;求比值的结果是不带单位的。比值是一个数,它的形式可以是整数、分数,也可以是小数。注意比和比值的区分。

设计意图:因为比与除法、分数都有着比较紧密的联系,在日常工作和生活中有着广泛的应用。比与除法、分数的联系和区别是这节课的难点,教师在教学时可以引导学生通过回忆、思考、讨论等活动,在进一步理解比的意义的基础上,找出比与除法、分数的联系和区别。用"相当于"一词来说明比、除法、分数的联系,促使原有知识的重新建构,加强知识之间的联系。随后,引导学生运用合理的方法计算比值,从而达到巩固知识的目的。在反馈过程中,加深对比的认识,并寻找比值的规律,既可以是分数、整数,也可以是小数。

环节四:当场检测,深解概念

题型	练 习 题	学习目标
判断	① 如果 a 是 b 的3倍,那么 a 和 b 的比是1∶3(　　)	理解比值的意义
	② 若甲数等于乙数,则甲数与乙数的比是1(　　)	能区分比和比值
	③ 小强的身高是1米,爸爸的身高是173厘米,小强和爸爸身高的比是1∶173(　　)	会求比

续 表

题型	练 习 题	学习目标
填空	$3:8=(\quad)\div 24=\dfrac{6}{(\quad)}$	建立比与除法、分数等概念的联系与区别
求比值	① $9:15$ ② $\dfrac{3}{4}:1\dfrac{1}{8}$ ③ $2.5:0.8$ ④ 16 小时 : 5 天	会求比值

设计意图：通过这个环节的教学，使学生明白两个量之间的比要统一单位，并且要搞清楚是谁和谁比，进一步理解比的有序性。

环节五：教师点拨，师生小结

（1）今天你学会了什么？在学习的过程中，你最大的收获是什么？你还有什么疑惑吗？

（2）教师小结：

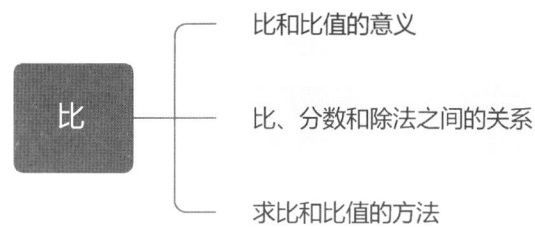

（3）作业：教材第78页练习3.1。

设计意图：通过这个环节的教学，教师与学生一起反思本节课的学习内容和方法，并引导学生对自己的学习行为表现进行自我评价，从而更好地让学生明白，学习者自己才是学习的主体，并对本节课的知识点进行了系统的回顾。

二、教学案例2：角的概念和表示

（一）教材分析

这节课是《线段与角的画法》这章中第二节"角"的第一课时，设计的教学内容是角的两个概念、角的表示方法，教学重点是角的表示方法。这节课教师给学生制定了三个教学目标：一是理解角的概念，二是掌握角的三种表示方法，三是了解生活中的角。

本节课所学的角是平面几何中最基本的图形之一，是在学习了直线、射线和线段性质的基础上，由它们组成的新的几何图形，是几何入门的关键，也是今后研究三角形、四边形等图形的基础。正确理解角的有关概念，不仅能为以后的学习提供基础，也能让学生感受到丰富多彩的知识。本节课教材的编排注重数学概念之间的内在联系，引导学生从直观到抽象逐步提升教学要求，突出学生从不同的学习角度认识角的形成和表示方法，关注学生的自主体验，使学生在观察、操作、交流的过程中，了解和掌握角的表示方法，帮助学生初步建立空间观念，逐步扩大学生的知识面，加深对周围事物的认识，为进一步学习几何知识奠定基础。

（二）学情分析

这节课前，学生已经学习了直线、射线、线段等简单的几何知识，在学习的过程中，大部分学生已经掌握了直线、射线、线段的定义、图像、表示和性质。在小学阶段，学生对于角的大小已有初步的体验，知道角度的大小与两边叉开的大小有关。一部分学生已经对角的表示有所了解，但对于大部分学生来说，具体角的形成和表示仍没有概念，显得比较抽象。目前学生抽象思维能力虽然有一定的发展，但依然以形象具体思维为主，分析、综合、归纳、概括能力有待进一步培养。本节课的内容正好是以前知识的有效补充和拓展。总之，需要在知识形成过程中解决本课知识和以前知识的有效衔接，解决学生学习几何的学科基础性的需要。

（三）教学目标

（1）理解角的概念及角的有关名称，能说出角的概念及角各部分名称。

（2）通过观察多媒体课件体验动态角的形成，并能正确找出角的始边和终边。

（3）通过自主阅读学习角的四种表示方法，并会用数字或字母表示角，提高提取信息、处理信息、分类的能力。

（4）通过自主阅读学习方向角的表示方法，养成探究的习惯，培养问题意识。

(5)通过小组合作交流,学会倾听,学会阅读同伴的思路,学会表达,提高抽象、概括能力。

(四)教学重点

角的两种概念,会用方向角表示射线的方向。

(五)教学难点

角的表示法,会用方向角表示射线的方向。

(六)教学过程

环节一:创设情境,自主阅读

(1)生活中很多物体给我们角的形象,请看这几幅图(如桌子的角,剪刀、时针和分针所成的角,两条道路相交时所组成的角,红领巾的边所成的角等)。

(2)角是重要的基本图形之一,你能用自己的话说说什么样的几何图形是角吗?

设计意图:在小学阶段,学生已经学过角的概念,也许部分学生已经淡忘,所以给出角的形象的图片,感受和回忆角的概念,回忆角的各部分的名称,激发学生阅读学习的积极性。

环节二:小组互动,初识概念

1. 角的概念(静态)

(1)阅读教材第92页,思考:

① 组成角的条件是什么?

② 什么是角的边,什么是角的顶点?

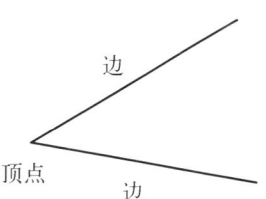

(小组讨论,交流反馈)

(2)教师小结:角是具有公共端点的两条射线组成的图形。角的两条边可以无限延伸,平时只研究角的一部分。

2. 角的概念(动态)

(1)展示钟面,找动态角(隐去时针,只有分针时,转动它找角)思考:

① 钟表的指针是怎样形成角的?

② 还可以怎样定义角？

（小组讨论，交流反馈）

（2）教师小结：角的概念（动态）：角是由一条射线绕着它的端点旋转到另一个位置所成的图形。

初始位置的射线叫作角的始边，终止位置的射线叫作角的终边。

角的始边转动到角的终边所经过的平面部分，叫作角的内部，简称角内。用带箭头或不带箭头的弧线表示。没有经过的平面部分是角的外部，简称角外。

（3）生活中还有这样的"由一条射线绕着它的端点转动形成的角"的形象吗？请结合例子说出顶点和边，建立动态角与静态角概念之间的联系。

3. 角的表示

（1）阅读教材第93页第二、第三、第四段，独立完成下列问题：

① 请用不同的方法，分别表示下面图中的角，并在图的适当位置标注字母或数字。

表 示 方 法	图示（图的适当位置标注字母或数字）	记　　作
用<u>三个大写英文字母</u>表示		∠AOB
用_____表示		

续　表

表 示 方 法	图示（图的适当位置标注字母或数字）	记　　作
用_____表示		
用_____表示		

② 下面图中有_____个角。请用上面表格中的方法表示这些角，并在图中标注相应的字母或数字（可以把不同的形式表示在不同的图上）。

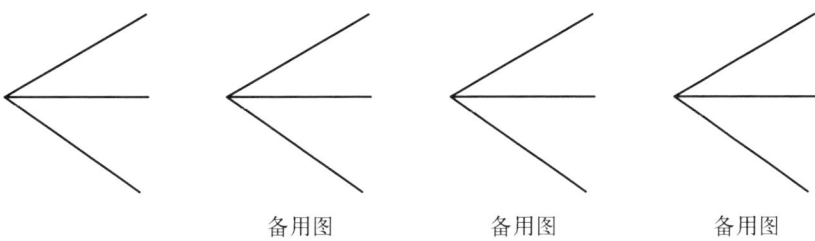

　　备用图　　　　　备用图　　　　　备用图

（2）小组交流，归纳小结。

角的表示：

三个大写英文字母表示，顶点写在中间，如∠AOC；

一个大写英文字母表示，这个字母是角的顶点如∠B；

一个小写希腊字母表示，字母标在角的内部，如∠β；

一个数字表示，数字标在角的内部，如∠1。

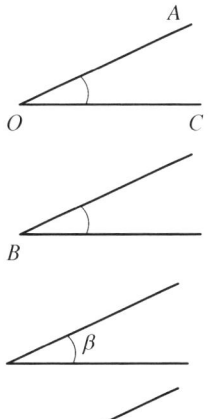

设计意图：通过从对几何图形的直观描述，到用规范的几何语言归纳几何图形的概念，帮助学生养成几种数学语言转化的习惯。利用几何画板的演示，让学生感受动态角的形成。在导读提纲的学习指引下，使学生通过阅读教材，知道旋转可以顺时针转，也可以逆时针转。通过小组合作学习，帮助学生建立动态角与静态角概念之间的联系。学生在阅读学习之后，能归纳出角的几种表示方法。

环节三：班级交流，师生再读

1. 思考

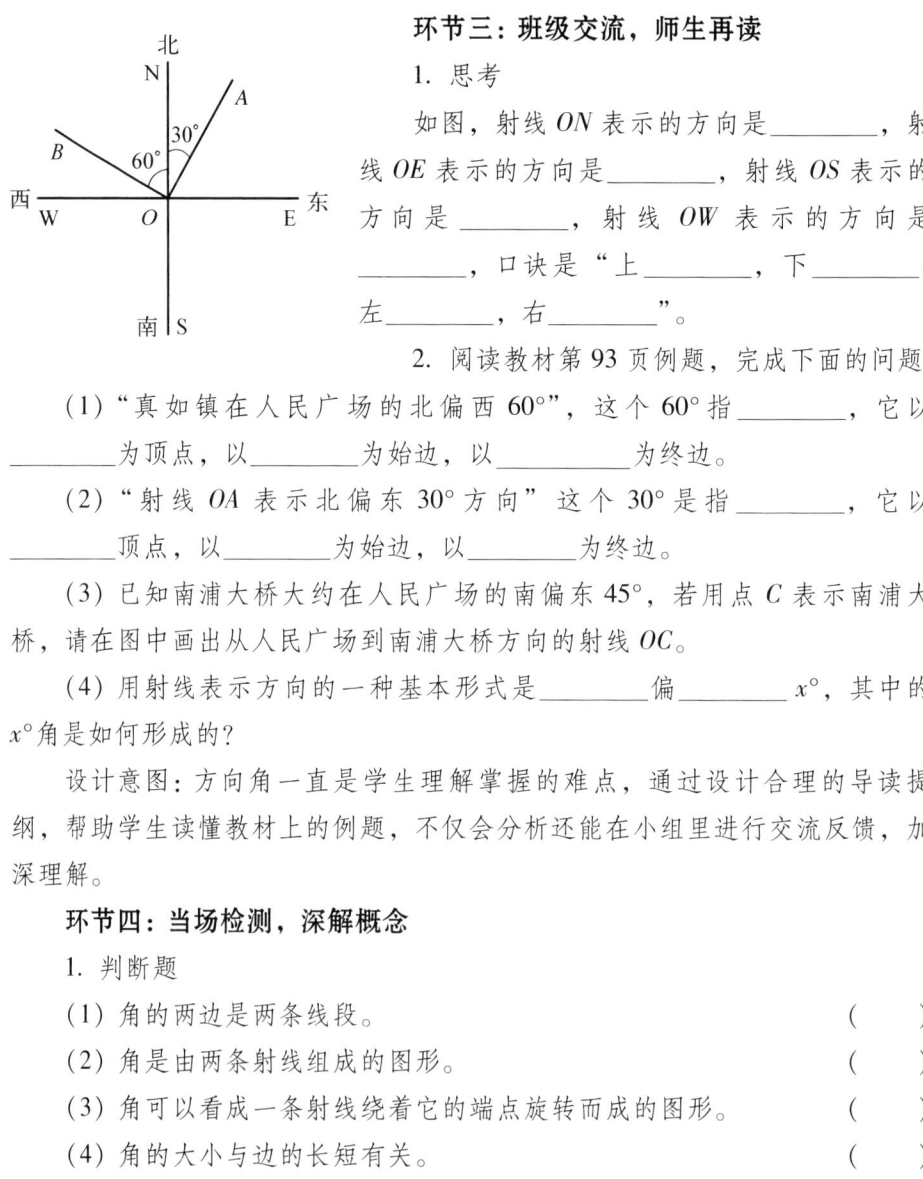

如图，射线 ON 表示的方向是_____，射线 OE 表示的方向是_____，射线 OS 表示的方向是_____，射线 OW 表示的方向是_____，口诀是"上_____，下_____，左_____，右_____"。

2. 阅读教材第 93 页例题，完成下面的问题

（1）"真如镇在人民广场的北偏西 $60°$"，这个 $60°$ 指_____，它以_____为顶点，以_____为始边，以_____为终边。

（2）"射线 OA 表示北偏东 $30°$ 方向"这个 $30°$ 是指_____，它以_____顶点，以_____为始边，以_____为终边。

（3）已知南浦大桥大约在人民广场的南偏东 $45°$，若用点 C 表示南浦大桥，请在图中画出从人民广场到南浦大桥方向的射线 OC。

（4）用射线表示方向的一种基本形式是_____偏_____ $x°$，其中的 $x°$ 角是如何形成的？

设计意图：方向角一直是学生理解掌握的难点，通过设计合理的导读提纲，帮助学生读懂教材上的例题，不仅会分析还能在小组里进行交流反馈，加深理解。

环节四：当场检测，深解概念

1. 判断题

（1）角的两边是两条线段。　　　　　　　　　　　　　　（　　）

（2）角是由两条射线组成的图形。　　　　　　　　　　　（　　）

（3）角可以看成一条射线绕着它的端点旋转而成的图形。（　　）

（4）角的大小与边的长短有关。　　　　　　　　　　　　（　　）

2. 观察下列图形中标出的角,指出角的记法的错误,然后加以改正并写出角的顶点和两条边

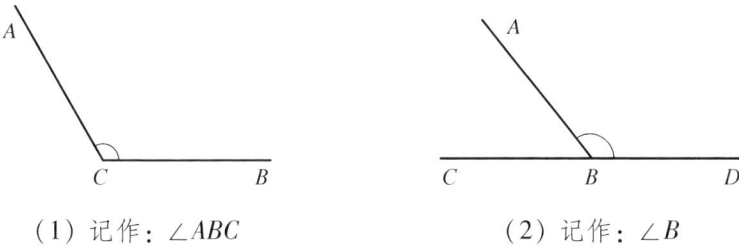

(1) 记作:∠ABC　　　　　　　(2) 记作:∠B

解:(1) 错误在于_____,应记作_____,顶点为____,两条边分别为_____和_____。

(2) 错误在于_____,应记作_____,顶点为____,两条边分别为_____和_____。

3. 看图填空

(1) 射线 OA 表示的方向为_____。

(2) 射线 OB 表示的方向为_____。

(3) 射线 OC 表示的方向为_____。

(4) 射线 OD 表示的方向为_____。

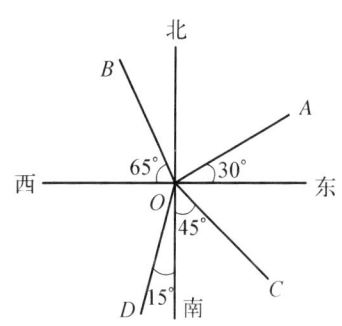

设计意图:角的动态定义在几何图形翻转运动的研究中具有重要的作用。通过这组学习检测,帮助学生认识到要正确找到角就要化动为静,找到顶点,始边和终边。在今后学习其他一些数学知识时也有重要的作用。

环节五:教师点拨,师生小结

(1) 今天你学会了什么?在学习的过程中,你最大的收获是什么?你还有什么疑惑吗?

(2) 教师小结:角的动态定义在几何图形翻转运动的研究中具有重要的作用。要正确找到角就要化动为静,找到顶点,始边和终边。

(3) 作业:教材中第 94 页练习 7.3、练习册 7.3。

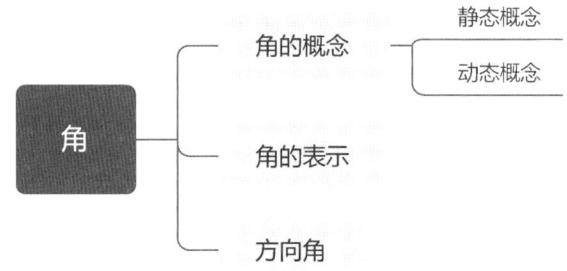

设计意图:在这个环节的教学中,教师与学生共同反思本节课的学习内容和方法,引导学生对自己这节课的学习行为表现进行自我评价,从而更好地鼓励学生主动参与课堂学习,当好学习主体,也对本节课的知识点进行了系统的回顾。

三、教学案例3:扇形面积(1)

(一)教材分析

扇形是数学中的一个重要概念,计算扇形的面积是常见的数学问题之一。本节课由特殊到一般,探索扇形面积公式,并运用公式解决一些具体问题,为学生在今后的学习及生活中更好地运用数学做准备。

本节课的教学内容是《圆和扇形》章节中的"扇形的面积",要求学生经历弧长与扇形面积的推导过程,体会从"特殊到一般,再到特殊"、类比等数学思想方法。传统教学过程中,学生很少有机会对数学知识进行猜想,但猜想实际上是启发学生思考的重要途径。这节课还要求会计算弧长与扇形的面积,能用割补法进行不规则图形的面积计算。通过这节课的学习,让学生感受数学来源于生活,感悟数学之美,体会数学之趣,提高对数学的学习兴趣。

(二)学情分析

学生在前阶段学完了"圆的认识""圆的周长""弧长""圆的面积"的学习,有了一定的知识水平和自主学习、解决问题能力,在此基础上通过教师设计的导读提纲,引导学生通过阅读教材内容、小组合作交流探索弧长公式与扇形面积计算公式之间的关系。学生阅读思考后，可能会得到一个新的问题，无法完成所有的公式填空，教师进而引导学生继续深入思考，运用公式解决实际问题。对于弧长公式并未熟练掌握的学生，教师在教学时要注重引导，进一步利用知识点之间的关联，加深学生对公式的理解。

（三）教学目标

（1）通过自主阅读，认识几何基本图形——扇形。

（2）理解扇形面积与它所在圆面积的关系，学会扇形的面积公式的推导方法。

（3）能正确运用扇形公式解决有关的实际问题。

（4）在探究扇形面积公式的过程中，经历将未知问题转化为已知问题的过程，体会"从特殊到一般"的思想。

（四）教学重点

正确、灵活运用扇形面积公式进行相关计算。

（五）教学难点

理解扇形面积公式的推导过程，并能灵活应用公式解决相关问题。

（六）教学过程

环节一：创设情境，自主阅读

1. 欣赏生活中的扇形

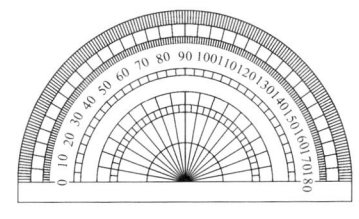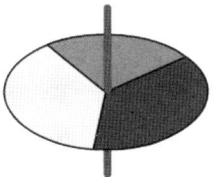

2. 说说什么是扇形？揭示课题

设计意图：通过对生活实物图片的欣赏，给学生提供对扇形的直观感受，使学生对"扇形"这个概念有个初步了解。教师让学生猜想扇形的意义，训练学生对平面图形的表述能力，教师创设疑问可以激发学生阅读教材的兴趣。

环节二：小组互动，初识概念

1. 认识扇形

（1）阅读教材第114页，思考并进行小组讨论：

① 阅读思考：什么样的图形是扇形？如何表示？

② 交流反馈。

（2）下列图形中阴影部分是不是扇形？说出理由。

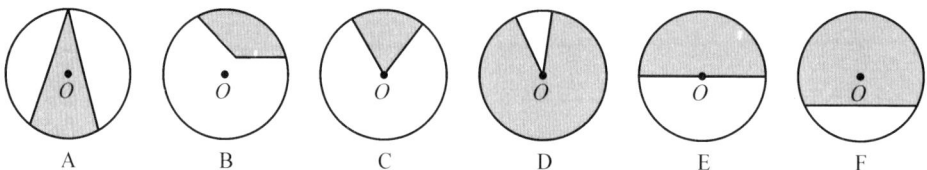

（3）试一试：动手画出一个扇形。

（4）展示学生画的扇形，进行纠错。

明确：扇形是由组成圆心角的两条半径和圆心角所对的弧围成的图形。

（5）几何画板演示：了解影响扇形面积变化的两个因素及扇形与圆的关系。

2. 扇形的面积

（1）探究公式：阅读并思考，用已知圆的面积 S 来表示扇形的面积。

① 圆心角度数为 90° 的扇形，

面积占它所在圆面积的 $\dfrac{(\quad)}{(\quad)}$，用圆面积 $S_{圆}$ 来表示扇形的面积就是 $S_{扇形}=\dfrac{(\quad)}{(\quad)}S_{圆}$。

② 圆心角度数为 180° 的扇形，

面积占它所在圆面积的 $\dfrac{(\quad)}{(\quad)}$，用圆面积 $S_{圆}$ 来表示扇形的面积就是 $S_{扇形}=\dfrac{(\quad)}{(\quad)}S_{圆}$。

③ 圆心角度数为 270° 的扇形，

面积占它所在圆面积的 $\dfrac{(\quad)}{(\quad)}$，用圆面积 $S_{圆}$ 来表示扇形的面积就是 $S_{扇形}=\dfrac{(\quad)}{(\quad)}S_{圆}$。

④ 圆心角度数为 1° 的扇形，

面积占它所在圆面积的 $\dfrac{(\quad)}{(\quad)}$，用圆面积 $S_{圆}$ 来表示扇形的面积就是 $S_{扇形}=\dfrac{(\quad)}{(\quad)}S_{圆}$。

⑤ 圆心角度数为 n° 的扇形，

面积占它所在圆面积的 $\dfrac{(\quad)}{(\quad)}$，用圆面积 $S_{圆}$ 来表示扇形的面积就是 $S_{扇形}=\dfrac{(\quad)}{(\quad)}S_{圆}$。

⑥ 若圆的半径为 r，圆面积就是 $S_{圆}=$ _____，

那么圆心角为 n 度的扇形面积就是 $S_{扇形}$ _____ = _____ = _____。

(学生填空，反馈，看书，交流)

(2) 扇形的面积公式：$S_{扇形}=\dfrac{n}{360}\cdot S_{圆}=\dfrac{n}{360}\pi r^{2}$。

设计意图：传统教学过程中，学生很少有机会去对数学知识进行猜想，但猜想实际上是启发学生思考的重要途径。学生在阅读思考后，可能会得到一个新的问题，无法完成所有的公式填空，教师进而引导学生继续深入思考。在教师引导下，学生联想到另一种求扇形面积的公式，而这个公式恰好可以加深对新知识的理解，这也是向学生说明，学到的每一个知识都是有用的。学生在教师的鼓励下，为自己成功运用已经掌握的知识而获得成就感。

环节三：班级交流，师生再读

1. 思考

扇形面积还有其他求解方法吗？由 $S=\dfrac{n}{360}\pi r^{2}$ 是怎样得到 $S=\dfrac{1}{2}lr$ 的？带着问题先思考，再阅读教材。

2. 理解

理解 $S=\dfrac{1}{2}lr$ 的推导过程：

∴ $S_{扇形} = \dfrac{n}{360}\pi r^2 = \dfrac{n}{180 \times 2}\pi r \cdot r = \dfrac{1}{2} \cdot \dfrac{n}{180}\pi r \cdot r$，又∵ $l = \dfrac{n}{180}\pi r$

∴ $S_{扇形} = \dfrac{n}{360}\pi r^2 = \dfrac{1}{2}lr$

小结：扇形的面积公式 $S_{扇形} = \dfrac{n}{360} \cdot S_{圆} = \dfrac{n}{360}\pi r^2 = \dfrac{1}{2}lr$。

3. 再读教材第115页"思考1"并思考

(1) 扇形的面积的大小与什么量有关？

(2) 扇形的面积计算公式能用来解决哪些问题？

(3) 扇形面积公式与弧长公式有什么区别？

(请小组派代表来说说学习交流的情况)

根据学生反馈明确：扇形的面积与半径长短和圆心角大小有关。

结论：当半径固定时，扇形的面积随圆心角的增大而增大的；当圆心角固定时，扇形的面积随半径的增大而增大的。

4. 辨一辨

(1) 圆心角不变，半径扩大为原来的2倍，扇形的面积也扩大为原来的2倍。

(2) 半径不变，圆心角扩大为原来的2倍，扇形的面积也扩大为原来的2倍。

5. 小结

在扇形的面积计算公式中，已知公式中任意两个相关的量，就可以求出第三个量。弧长公式和扇形面积公式都与所在圆的半径和圆心角的度数有关，但是这两个公式所表示的意义是不同的，最后算得的数据单位也是不同的。

设计意图：为渗透转化的数学思想方法，设计通过让学生观察半径的变化以及圆心角的变化，体验这两个量的变化，都能够引起扇形面积的变化；教学中让学生积极主动参与知识的形成过程，体会到新知识的产生往往建立在旧知识的基础上，使学生有效地理解和掌握扇形面积的计算公式，同时让学生获得数学思想方法，并培养学生探索问题的能力。

环节四：当场检测，深解概念

1. 思考

还记得这节课刚开始时的那把扇子吗？小丽想知道糊纸部分的大小，你现在可以帮她解决问题了吗?

(1) 出示数据:

圆心角 160°　　　　弧长 83.7 cm　　　　半径 30 cm

圆心角 160°　　　　弧长 50.24 cm　　　半径 18 cm

(2) 学生回答。

(3) 学生动手尝试。

(4) 方法反馈,比较谁的方法更合适。

教师小结:要根据实际情况,选择较合适的计算方法来解决问题。

2. 变式练习,试求其他部分量

圆心角	半　径	弧　长	扇形面积
	20 cm		628 cm^2
		6.28 cm	1 256 cm^2

3. 阅读教材第 115 页"例题 1"和"例题 2",质疑问难

再回到教材,看看书上的例题,想一想与我们刚才的实践应用有联系吗?你还有什么疑惑吗?

设计意图:通过帮助解决小丽提出的扇子问题——想知道糊纸部分的大小,对新知识的学习进行尝试应用。首先教师给出相关数据,要求学生自己选择有用的数据解决问题,考察学生知识的灵活应用情况,然后进行公式的变式训练,以巩固所学的新知识。

环节五:教师点拨,师生小结

1. 思考

(1) 今天你学会了什么?

(2) 在学习的过程中,你最大的收获是什么?

(3) 你还有什么疑惑吗?

2. 教师补充小结

(1) 扇形的定义。

(2) 扇形的两个面积公式。

(3) 扇形面积公式与弧长公式的区别与联系以及公式推导过程中的相似

之处。

3. 作业

教材中的第 116 页练习 4.4（1）、练习册 4.4。

设计意图：学生自己总结本节课所学知识，相互补充，以进一步巩固所学知识。通过小结和反思，激发学生的主动参与意识，为每个学生创造在数学活动中获得活动经验的机会。对学生遗漏的部分，教师补充完整。

四、教学案例 4：同位角、内错角、同旁内角

（一）教材分析

这节课是在学生学习了直线、角及两条相交直线构成的角（对顶角、邻补角）的基础上提出来的，在学生已获得一些特殊角的数量关系和位置关系后，进一步探究平面上三条直线相交形成不同顶点上的两个角的位置关系，从对顶角延伸到同位角、内错角、同旁内角。

"同位角、内错角、同旁内角"是《相交线　平行线》章节中第一节的内容，之前学生对几何基础知识仅有点、线、角、相交线的初步接触，本节课涉及的"三线八角"的识别属首次接触。其作用和地位，主要体现在以下几个方面：

（1）"三线八角"是以后几何学习最基本的关系之一，是解决几何边角论证和计算的重要依据，如平行线的特征与识别，具有广泛的应用性。

（2）提高学生对复杂图形的鉴别能力，在学习几何的起步阶段具有积极意义。

（二）学情分析

七年级学生具有活泼好动、好奇的天性，正处于独立思维发展的重要阶段，求知欲较强，具有初步的自主探究能力和阅读学习能力。本节课学生要在探索的过程中，理解同位角、内错角、同旁内角的概念，掌握识别同位角、内错角和同旁内角的方法，可是要想在复杂图形中准确把握概念的本质，对学生来说比较困难。因此要设计适合学生能力的导读提纲来帮助学生展开生动活泼的、主动的和富有个性的学习过程。可以确定自学发现法、探究交流法、练习法等学习方法。

（三）教学目标

（1）通过阅读理解并识别同位角、内错角、同旁内角。

（2）在学习的过程中，经历探索图形变换进行构图的过程，与他人积极合作交流，积累教学经验，发展合情推理能力，能有条理地阐述自己的观点，掌握用数学思想探索问题的方法。

（3）通过揭示对顶角和"三线八角"形成的关系，渗透"分类"的思想及数学的应用价值，在图形的变换中，认识到几何图形的位置美。

（四）教学重点

同位角、内错角、同旁内角的概念。

（五）教学难点

在较复杂的图形中辨认同位角、内错角、同旁内角。

（六）教学过程

环节一：创设情境，自主阅读

（1）由学生熟悉的生活中的风筝引入，介绍数学文化，发现生活中的"三线八角"图。

（2）观察"三线八角"图，说说图中对顶角有几对？邻补角有几对？

设计意图：由学生熟悉的生活中的风筝引入，介绍数学文化，调动学生的情绪，提高学习兴趣。同时从复习两条直线相交的过程，自然地过渡到两条直线被第三条直线所截，印证数学是发展变化着的。复习对顶角是以类比的方式提出这节课的研究核心知识：角与角的位置关系；而知识之间的联系是：从对顶角延伸到同位角、内错角、同旁内角。辨认角的过程中：第一，把复杂问题转化为已知简单图形，即利用化归的思维方法；第二，采用渗透分类的方法，为分类研究角与角的位置关系设下伏笔。

环节二：小组互动，初识概念

1. 阅读教材第47页至48页第四行，思考并回答下列问题（小组交流）

（1）如图，∠2和∠6均在截线 EF 的_____，且分别在 AB 和 CD 的_____，这样的两个角叫同位角。像这样具有类似位置关系的角还有吗？

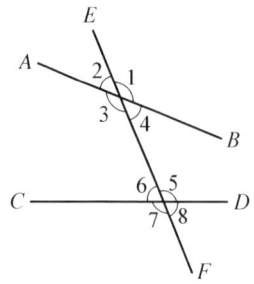

(2) ∠3 和 ∠5 在截线 EF 的_____，且分别在 AB 和 CD _____，像这样的两个角叫内错角。图中还有其他的内错角吗？

(3) ∠3 和 ∠6 在截线 EF 的_____，且分别在 AB 和 CD _____，像这样的两个角叫同旁内角。图中还有其他的同旁内角吗？

2. 观察，阅读教材第 48 页例题并思考，然后小组交流

(1) 下面图中的 ∠1 与 ∠2 都是同位角吗？

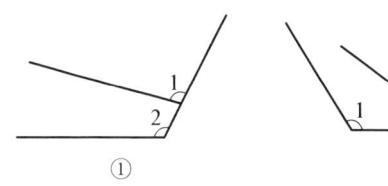 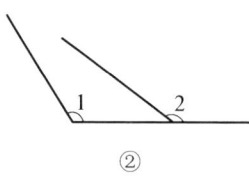 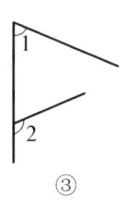 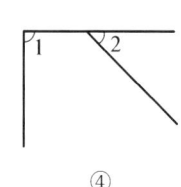

① ② ③ ④

这些图形有什么特征？（在形如字母"F"的图形中有同位角）

(2) 下面图中的 ∠1 与 ∠2 都是内错角吗？

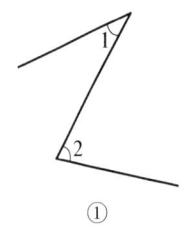 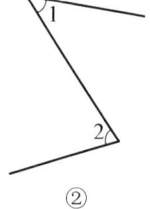 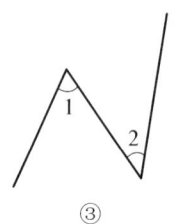 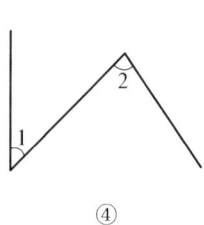

① ② ③ ④

这些图形有什么特征？（在形如字母"Z"的图形中有内错角）

(3) 下面图中的 ∠1 与 ∠2 都是同旁内角吗？

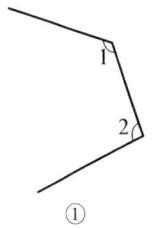 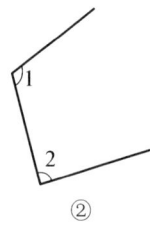 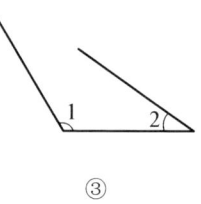 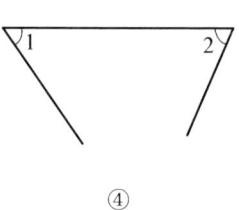

① ② ③ ④

这些图形有什么特征？（在形如字母"U"的图形中有同旁内角）

设计意图：通过填空形式设计导读提纲，采用分类分步的方法，从简单开始探索。由于同位角、内错角、同旁内角的名称已经确定，所以探索的重点在发现位置关系和用准确词语概括这种位置关系，按照观察—描述—归纳—再现的流程，认识同位角、内错角、同旁内角。在学生认识了概念并阅读例题后，设计安排学生自主探索同位角、内错角、同旁内角的特征，这是一种用发展的眼光认识事物的过程。探索的意义在于描述和理解位置关系，并把同种位置关系的角归为一类，便于学生理解概念。

环节三：班级交流，师生再读

1. 思考并填空

（1）如图，直线 AB、CD 被 DE 所截，则∠1 和_____是同位角，∠1 和_____是内错角，∠1 和_____是同旁内角，如果∠1 = ∠5，那么∠1_____∠3。

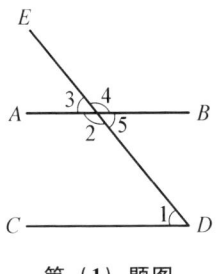

第（1）题图

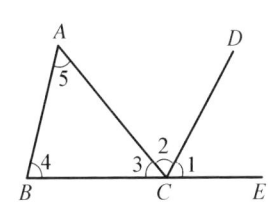

第（2）题图

（2）如图，∠1 和∠4 是 AB、_____被_____所截得的_____角，∠3 和∠5 是_____、_____被_____所截得的_____角，∠2 和∠5 是_____、被所截得的_____角，AC、BC 被 AB 所截得的同旁内角是_____。

（3）下面两幅图中，∠1 与∠2 是同位角吗？为什么？

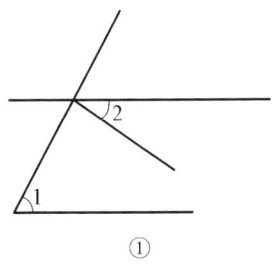

①

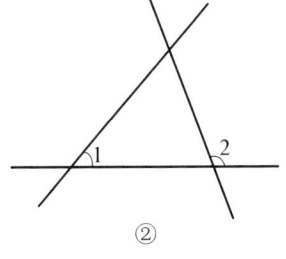

②

2. 填表

角的类型 相关知识点	同位角	内错角	同旁内角
基本图形			
与两直线的位置关系			
与截线的位置关系			
共同特点	＿＿＿＿公共顶点，有一条边＿＿＿＿。		
识别关键	分清截线与被截线。(如何识别?)		

设计意图：当学生能在基础图中辨认角与角之间的位置关系后，安排了在较复杂图形中辨认角与角的位置关系，帮助学生提升对各概念的理解与应用，并起到阅读检测的作用。教会学生重视现成的阅读资料，并利用数学图形语言与文字语言相结合的方式，抓住概念的本质，进一步理解概念之间的联系，将新旧知识联系起来，降低学生的学习难度。

环节四：当场检测，深解概念

1. 用概念寻找生活中的同位角、内错角、同旁内角

给出简单的实际图形，学生完成如下内容：

第 1 题图

（1）从左图中可以看出是哪两条直线被哪条直线所截？

（2）哪些角构成同位角、内错角、同旁内角？

2. 用概念识别两个角是不是同位角、内错角、同旁内角

展示如图所示的两个图形，让学生思考：

（1）∠1 与∠2 是不是同位角、内错角、同旁内角？

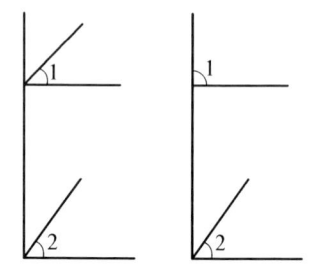

第 2 题图

(2) 如果是，找出是哪两条直线被哪条直线所截形成的。

追问：旋转到什么位置能构成同位角、内错角、同旁内角呢？

归纳总结：两个角一边共线（截线），再次体会"F""Z""U"型。

3. 看图填空

(1) 若 ED、BF 被 AB 所截，则∠1 与_____是同位角。

(2) 若 ED、BC 被 AF 所截，则∠3 与_____是内错角。

(3) ∠1 与∠3 是 AB 和 AF 被_____所截构成的_____角。

(4) ∠2 与∠4 是_____和_____被 BC 所截构成的_____角。

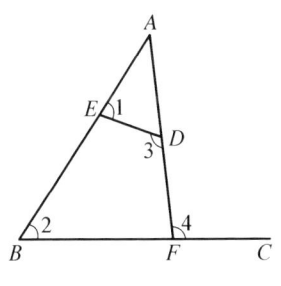

第 3 题图

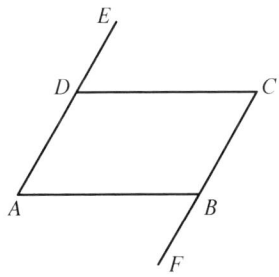

第 4 题图

4. 请找出图中所有的同位角、内错角和同旁内角

同位角：_____；

内错角：_____；

同旁内角：_____。

5. 思考

如图，在标有数字的所有角中，同位角、内错角、同旁内角，分别有哪些?

设计意图：用实际图形呼应开头，体现数学源于生活的思想，通过辨析错误图形，到改造成正确图形，深化概念的本质认识。几个问题呈梯度展开，第 3 题认识在不同情况下，截直线可以是变化的，突出分类讨论的思维方法；第 4、第 5 题是灵活运用不同思维方法解决不同的问题，提高学生解决问题的能力。在小组合作中培养学生的合作能力和探索精神，为了做到更有效的合作学习，对问题分了几个层次：满足一个条件的图形非常多，学生可以各抒己见；较难的

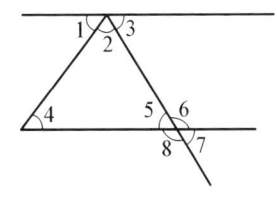

第 5 题图

图形题选做，挑战自己，达到既运用所学知识，又提高学生能力的发展目的。

环节五：教师点拨，师生小结

1. 思考

(1) 今天你学会了什么？

(2) 在学习的过程中，你最大的收获是什么？

(3) 你还有什么疑惑吗？

2. 小结

(1) 两个同位角就是与直线的位置关系而言具有"同上、同右""同上、同左""同下、同右"或"同下、同左"的特征；

(2) 内错角具有"同内、异侧"的特征；

(3) 同旁内角具有"同内、同侧"的特征。

掌握辨别这些角的关键是看哪两条直线被哪一条直线所截、分清哪一条直线截哪两条直线形成了哪些角，是做出正确判定的前提，在截线的同旁找同位角，同旁内角，在截线的两侧，找内错角。

3. 作业

教材第 48 页练习 13.3、练习册 13.3。

设计意图：通过学生小结、教师补充的形式，帮助学生概括本节课学习的概念，理清概念与概念之间的联系与区别，找准几类角之间的特征，以及辨别方法：第一，同位角就是与直线的位置关系而言具有"同上、同右""同上、同左""同下、同右""同下、同左"的特征。第二，内错角具有"同内、异侧"的特征。第三，同旁内角具有"同内、同侧"的特征。归纳并强调辨别这些角的关键是看哪两条直线被哪一条直线所截、分清哪一条直线截哪两条直线形成了哪些角，这也是做出正确判定的前提。

五、教学案例 5：平面直角坐标系

（一）教材分析

本节课的教学包含如下内容：一是平面直角坐标系及相关的 X 轴（横轴）与 Y 轴（纵轴）、坐标原点、四个象限等概念；二是直角坐标系的点的坐标及其特点。直角坐标系的基本知识是全章学习及至以后数学学习的基础，在后面学习如何画函数图像以及研究一些具体函数图像的性质时，都要应用这些知识；

注意到这种知识前后的关系，适当把握好本节课的教学要求，是教好、学好本节课的关键。如果没有透彻理解这部分知识，就很难学好整个章节的内容。

"平面直角坐标系"是"数轴"的发展，它的建立，使代数的基本元素（数对）与几何的基本元素（点）之间一一对应，数发展成式、方程与函数，点运动成直线、曲线等几何图形，于是实现了认识上从一维空间到二维空间的发展，构成更广阔的范围内的数形结合、互相转化的理论基础。因此，平面直角坐标系是沟通代数和几何的桥梁，是非常重要的数学工具。

（二）学情分析

对于七年级学生而言，他们正在完善对初中数学的印象，具备了初步的逻辑推理能力和空间想象能力，阅读分析、自主探索、合作交流已经成为他们学习数学的重要方式。学生已学习了数轴，有了一定的数形结合的意识，并且知道数轴上的点与实数是一一对应的关系，对平面上的点由一个有序数对表示，也有一定的认识。如何从一维数轴点与实数之间的对应关系过渡到二维坐标平面中的点与有序数对之间关系，对于接受能力弱的学生而言，理解起来有一定的困难。所以选取学生熟悉的、有趣的甚至富有挑战的实例，可以让他们在各种开放性题目中感受数学的应用价值，在丰富的活动中得到良好的数学熏陶，使之成为学习数学的可持续发展的原动力。

（三）教学目标

（1）通过阅读知道平面直角坐标系，理解坐标平面内的点与有序实数对是一一对应的意义，会根据直角坐标系内点的位置写出它的坐标。

（2）通过小组讨论、探究，知道象限的划分及各象限内点的坐标符号的特征和坐标轴上点的坐标特征。

（3）在与同学共同探索、解决问题的过程中，发展合作交流的能力，体会数形结合的数学思想。

（四）教学重点

能在平面直角坐标系中，由点求坐标，理解平面直角坐标系中的点与有序实数对之间的一一对应关系。

（五）教学难点

知道象限的划分及各象限内点的坐标符号的特征和坐标轴上点的坐标特征。

（六）教学过程

环节一：创设情境，自主阅读

1. 创设情境

给每位同学发一张"电影票"并思考：

（1）现在你有一张电影票，如何在教室这个"电影院"里找到你的座位？

（2）如果班级新转来一位同学坐在你的左边，如何准确告诉他，他的座位在哪里？

（强调必须要用一对有序实数对才能确定位置）

（3）你能否在数轴上表示出这对实数？若不能，你觉得该怎么解决？

2. 引出课题

学生讨论，引出课题：平面直角坐标系。

设计意图：从学生感兴趣、与实际生活相联系的话题——电影院找座位以及地图上找城市等来切入本节课的课题引入。教师利用地图找具体地点，引导学生观察，学生有一定的生活经验，既熟悉又感兴趣，因而他们参与活动必然是积极的、全面的，这样就利用直观刺激让学生进一步想到能否有一种数学工具，能帮助确定平面内任意一个点的位置呢。再通过一个游戏展开全班范围内的探索活动，教师引导学生进行观察、体验、思考等，学生在实际情境中进行探索、发现、感悟，逐步概括出带有一定难度又具有一定抽象性的数学结论，真正体现让学生成为课堂的主人，让他们自己去发现知识，享受获得知识的成功乐趣，实现让学生主动参与、自主探索、合作交流的目的。

环节二：小组互动，初识概念

1. 平面直角坐标系

（1）阅读教材第123—124页，思考：

① 平面直角坐标系如何构成？有什么特征？

② 什么叫点的横、纵坐标？什么叫点的坐标？怎么表示？

（小组讨论、交流反馈）

2. 教师小结

(1) 平面直角坐标系具有以下特征：两条数轴互相垂直且原点重合；通常取向右、向上为正方向；单位长度一般取相同的。

(2) 平面直角坐标系内的点与有序实数对建立一一对应关系，括号里横坐标在纵坐标的前面。

设计意图：通过回顾用正有序实数对来表示位置，通过改变行号、列号，再来表示同一个点的位置，使学生打破传统思维，发现若改变了行号及列号，仅用正有序实数对并不能够准确全面地表示和确定点的位置，迫使学生联想起数轴负半轴（负数），从而有必要反向延长行号和列号，此时自然的将整个平面分割成四部分，初步形成直角坐标系的模型。

环节三：班级交流，师生再读

1. 写出图中平面直角坐标系内各点的坐标

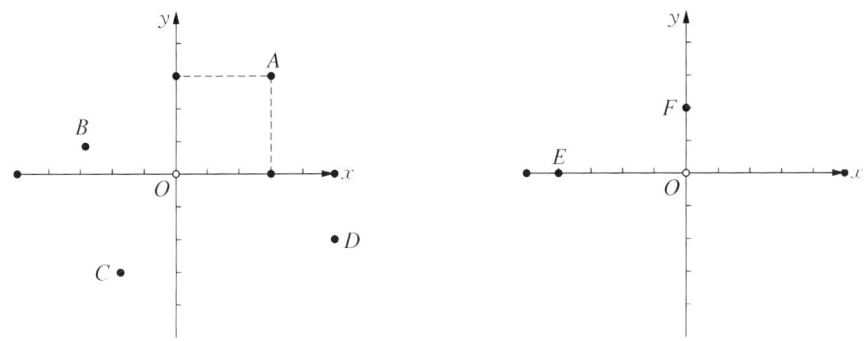

思考：横轴（x 轴）、纵轴（y 轴）上的点分别怎么表示？有什么区别？那坐标原点呢？

2. 在直角坐标系中作点

在平面直角坐标系中，标出下列各点：$A(4, 3)$，$B(-2, 3)$，$C(-4, -1)$，$D(2, -2)$，观察在平面直角坐标系中所作的点，思考：

(1) 平面直角坐标系把平面分为几部分？分别叫什么？

(2) 横轴（x 轴）、纵轴（y 轴）属于哪一部分？

(3) 每个部分的点的横坐标和纵坐标分别具有什么特征？

（小组讨论、交流反馈）

设计意图：在学习了平面直角坐标系的基本概念后，通过坐标系中点的特征，引导学生进行观察、体验、思考等活动，学生在实际情境中进行探索、发现、感悟，逐步概括出带有一定难度又具有一定抽象性的数学结论，真正体现了让学生成为课堂的主人，让他们自己去发现知识，享受到获得知识的成功乐趣，实现了让学生主动参与、自主探索、合作交流的目的。

环节四：当场检测，深解概念

1. 填空

（1）如果将一张电影票"6排1号"简记为（6，1），那么（15，2）表示的电影票是_____排_____号。

（2）A点坐标是（3，4），则A点的横坐标为_____，纵坐标为_____。

（3）在平面直角坐标系中，点P（-3，5）在第_____象限。

（4）如图是小刚画的一张脸，他对妹妹说，如果用（1，3）表示左眼，用（3，3）表示右眼，那么嘴的位置可以表示成_____。

（5）如图，小强告诉小华图中A、B两点的坐标分别为（-3，5）、（3，5），小华一下就说出了C在同一平面直角坐标系下的坐标_____。

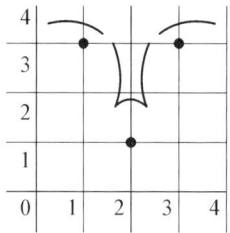

第（4）题图

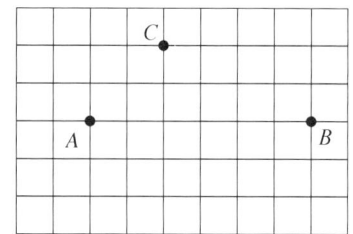

第（5）题图

2. 选择题

（1）课间操时，小华、小军、小刚的位置如图，小华对小刚说："如果我的位置用（0，0）表示，小军的位置用（2，1）表示，那么你的位置可以表示成（　　）。"

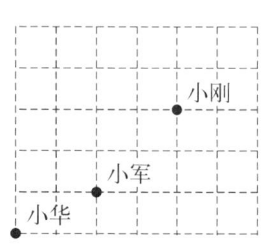

A.（5，4）

B.（4，5）

C.（3，4）

D.（4，3）

(2) 如果点 $P(5, y)$ 在第四象限，则 y 的取值范围是（　　）。
A. $y < 0$　　　　B. $y > 0$　　　　C. $y \leq 0$　　　　D. $y \geq 0$

(3) 一个长方形在平面直角坐标系中三个顶点的坐标为 $(-1, -1)$、$(-1, 2)$、$(3, -1)$，则第四个顶点的坐标为（　　）。
A. $(2, 2)$　　　　B. $(3, 2)$　　　　C. $(3, 3)$　　　　D. $(2, 3)$

3. 思考题

(1) 如图，这是某市部分简图，请以火车站为坐标原点建立平面直角坐标系，并分别写出各地的坐标。

(2) 这是一个动物园游览示意图，试设计描述这个动物园图中每个景点位置的一个方法，并画图说明，并用你所设计的方法表示出一条游览路线。

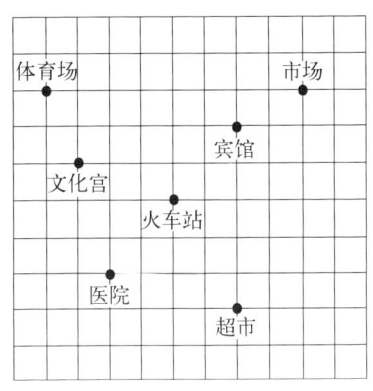
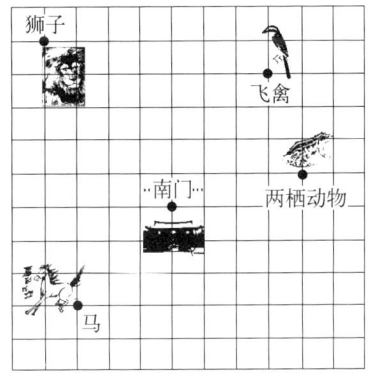

第（1）题图　　　　　　　　　第（2）题图

设计意图：通过变式训练、开放教学为学生营造自主活动的时间和空间，学生之间、师生之间融入探索数学题目之中，有效合作、优势互补，全体师生积极有效地参与到解决问题的活动中去，观察、思考、探究、讨论、归纳，把较为抽象的平面直角坐标系的应用问题直观化、具体化，这也是为突破难点采取的一种技术手段。在整个教学活动中，学生的知识不是从教师那里直接复制或被灌输到头脑中，而是在主动探究、合作交流中获得，表现为问题让学生去发现、过程让学生去感受、结论让学生去总结。

环节五：教师点拨，师生小结

1. 思考

(1) 今天你学会了什么？

(2) 在学习的过程中，你最大的收获是什么？

(3) 你还有什么疑惑吗？

2. 教师小结

从直线上的点到平面内的点，与实数（实数对）都是一一对应的关系，平面内的点，则需要构建平面直角坐标系来表示它的位置。

3. 作业

练习册 15.1（1）。

设计意图：在这个环节的教学中，教师与学生共同反思本节课的学习内容和方法，引导学生对自己这节课的学习行为表现进行自我评价，从而更好地鼓励学生主动参与课堂学习，当好学习主体，也对本节课的知识点进行了系统的回顾。让学生多一些积极的情感体验、少一些望而生畏的过程。

六、教学案例 6：分数的加减法

（一）教材分析

"分数的加减法"《分数》章节中的一节概念课，既与整数的乘法有着内在的联系，也是后期进一步学习分式的加减法的基础。本节课教学内容是"分数的加减法"5 课时的第二课时，是在学生掌握了整数乘法，分数的意义、性质等知识的基础上进行教学的。由于是概念课，在设计问题情景时要注意根据学生特点，从最近发生的、学生感兴趣的事情出发，创设适当的问题情景，以充分调动学生思考的积极性和激发学生的阅读欲望，并在体验成功学习的乐趣、体会数学知识之间的内在联系的同时，感受"转化"思想在解决新问题中的价值。

（二）学情分析

因预备年级学生年龄小，为了指导学生进行更有效的数学阅读，教师可根据教材内容和学生实际情况，给出阅读提纲，从最近发生的、学生感兴趣的事情出发，创设适当的问题情景，充分调动学生思考的积极性和激发学生的阅读欲望，提纲以问题形式出现，具有启发性、层次性甚至趣味性，通过一些问题再现、挖掘教材的重点、难点，激发学生主动地探索研究。学生阅读教材后，针对导读提纲互相讨论交流彼此的认知情况，讨论质疑，教师适时地精讲深化，使学生明辨是非，师生共同解决疑难问题。

（三）教学目标

（1）理解真分数、假分数、带分数的概念及掌握带分数与假分数之间的互相转化。

（2）在探索计算方法的过程中，能够主动地进行观察与操作、猜想与验证、比较与分析等活动。

（3）在自主阅读、合作交流中体验成功学习的乐趣，体会数学知识之间的内在联系，感受"转化"思想在解决新问题中的价值，增强学好数学的信心。

（四）教学重点

通过观察与操作、猜想与验证、比较与分析等活动掌握带分数与假分数之间的互相转化。

（五）教学难点

带分数与假分数的互相转化。

（六）教学过程

环节一：创设情境，自主阅读

中秋节与家人团圆吃月饼是中国人的传统习俗。

（1）情景设计：如果将5个大小相同的月饼，平均分给8个人，每人分到多少月饼？（学生不难得出$\frac{5}{8}$），如果平均分给4个人呢？（学生通过小组折纸讨论的方式得出$\frac{5}{4}$或$1+\frac{1}{4}$）。

（2）今天继续来研究这些不同形式的分数。通过自主阅读教材第45页"思考2"至第46页"想一想"，思考解答导读提纲中的问题。（提示学生边读边注意将关键句标注出来），学生阅读完毕，思考并合作讨论交流，解决导读提纲中的问题。

设计意图：因为学生会阅读教材内部分内容，所以在问题情景的设计中不能与教材内容雷同，通过创设情境，在复习旧知识的同时为学生学习新知识扫除障碍，根据教材内容和学生的具体情况，引入新知识，激发学生的阅读欲望。

环节二：小组互动，初识概念

(1) 通过阅读教材，知道了哪几种分数？

(2) 情景问题中的分数分别属于哪一种？

(3) 这几种分数有什么特点？还能举出一些与这几种不同类型的分数吗？

(4) 这几种分数和"1"的大小关系是怎样的？

(5) 假分数和带分数能互相转化吗？如果能，请举例说明，并能说明快速转化的方法（以小组为单位在黑板上出题，讨论后另一小组上来解答，并归纳）。

设计意图：教师通过导读提纲提出问题，激发学生的求知欲望。教师抓住时机提醒学生找学习的好伙伴——教材，通过阅读教材尽力帮助自己解决刚才情景中涉及的问题。因预备年级学生年龄小，为了指导更有效的阅读，教师可根据教材内容和学生实际情况，给出导读提纲，提纲可以用问题形式呈现，具有启发性、层次性甚至趣味性，通过一些问题再现、挖掘教材的重点、难点，激发学生主动地探索研究。

环节三：班级交流，师生再读

设计意图：学生阅读教材后，针对导读提纲互相讨论交流彼此的认知情况，讨论质疑，教师适时地精讲深化，使学生明辨是非，师生共同解决疑难问题。

环节四：当场检测，深解概念

(1) 下列各分数哪些是真分数？哪些是假分数？哪些是能化成整数的特殊的假分数？

$$\frac{6}{3},\frac{5}{12},\frac{9}{7},\frac{17}{100},\frac{36}{12},\frac{9}{9},\frac{4}{5},\frac{35}{7}$$

真分数：_____

假分数：_____

其中，能化成整数的特殊的假分数：_____

(2) 将以下的带分数化为假分数：

$3\frac{2}{5}$ _____ $5\frac{5}{6}$ _____

(3) 将以下的假分数化为带分数：

$\frac{8}{3}$ _____ $\frac{35}{8}$ _____

设计意图：阅读后教师检测学生的阅读效果。如果遇到学生概念不清的情况，教师抓住契机再次请学生通过阅读从教材中查找答案，以达到学生对阅读重要性的再认识。教会学生重视现成的阅读资料，学会自主学习，通过不断阅读提升认知水平。

（4）如果$\frac{x}{15}$是假分数，那么$\frac{11}{x}$是_____分数（填入"真"或"假"）；

如果$\frac{x}{15}$是真分数，那么$\frac{15}{x}$一定是_____分数（填入"真"或"假"）。

（5）口答：以两位学生一问一答的形式，尝试将带分数化为假分数，或将假分数化为带分数（要求出现的数字在 10 以内）。

设计意图：针对例题，让学生独立思考、相互交流，一方面巩固新知识，熟练运用新知识；另一方面通过相互合作，也有助于激发学生的学习兴趣。在以学生为主体的解题活动中，让学生体验成功的快乐。引导学生从不同的角度，采用适当的方式进行数学阅读检测，使学生进一步理解内化所学知识，并培养学生思维的灵活性，有针对性地给予讲评。

环节五：教师点拨，师生小结

（1）这节课你学会了什么知识点？

（2）这节课教会我们如何自主学习？

设计意图：由学生归纳总结分数加减法的相关知识点及相互之间的联系，培养学生提升表达交流自己的想法的能力，树立自信心。

第四章 数学原理课阅读教学实践案例与评析

第一节 对数学原理课教学的认识

这里所讲的数学原理包括数学中的公理、定理、公式、法则及规律等,是对概念的属性以及概念之间关系的逻辑判断。数学原理既是数学概念及其关系认识的深化,又是联系概念和问题的桥梁。

数学原理课教学不仅是知识的传授,更是思维能力和解决问题能力的培养。数学原理课教学应当围绕以下几个方面展开:基础概念的建立、推导过程的清晰展示、逻辑思维的培养、实践应用的联系以及持续的反馈与调整。

一、基础概念建立

数学原理的学习,始于基础概念的建立。这些概念是后续学习的基石,是理解更高级别理论和应用问题的关键。在教学中,教师应注重基础概念的准确解释和清晰界定,确保学生能够明确掌握概念的本质属性和应用范围。同时,可以通过举例、比较、归纳等方法,帮助学生深化对概念的理解,为后续学习打下坚实基础。

数学公理是人们在长期实践中总结出来的一些基本数学事实,正确性不必怀疑,反映的是一些基本数学规律,无须用推理的方式来证明。数学公理是进行判断、推理和推证数学定理、公式的基本依据,教师在教学中可以通过一定的实例或操作来帮助学生认识公理的含义、理解公理的合理性,并设计一些实际问题引导学生主动尝试解决,最终形成灵活运用公理解决实际问题的能力。例如,在教学公理"两点确定一条直线"时,教师可以在一块木板上钉一个钉子,然后将钉子取出,木板上留下一个钉眼，此时教师需引导学生发挥其直观想象力，可以想象这个钉眼是黑板上的一个点，然后在此基础上要求学生尝试操作：把一根木条钉在一块木板上，此时木条可以绕着钉子转动，而当用两个钉子把木条钉在一块木板上时，木条就被固定住，让学生得出一个结论，即"过两点有且只有一条直线"，使学生能理解这个结论的含义和合理性。又如，在一条河的同一侧有 A、B 两村庄，现在要在两村庄之间的河岸建一码头，码头建在河岸的什么位置，到两村庄的路程之和最短？此例学生可探索运用公理"两点之间直线最短"解决实际问题。

二、推导过程清晰展示

数学原理的推导过程往往涉及复杂的逻辑推理和计算，这一过程的清晰展示对于学生的学习至关重要。在教学中，教师应注重推导过程的条理性和逻辑性，逐步引导学生理解每一步推导的依据和结果。通过讲解和示范，让学生掌握推导的方法和技巧，培养他们独立推导和验证的能力。

每一个定理都是一个真命题，都由题设和结论两部分组成，题设与结论之间存在着因果关系。在教学中，教师一方面要让学生知道每一个定理的条件和结论各是什么，另一方面要引导学生进行探究，并通过对定理的证明培养学生的逻辑推理能力。如在探究学习"梯形中位线定理"，即学习"梯形中位线平行于两底，并且等于两底和的一半"时，首先要根据定理的内容画出相应的几何图形，然后根据定理的题设和结论，相应地写出定理的已知和求证是什么，在此基础上探究完成该命题的证明，以此理解"梯形中位线定理"所提示的数学规律，进而形成数学定理。为提高学生的学习兴趣和充分调动学生的学习积极性，在对数学问题进行探究时，教师可以创设问题情境，让学生自主大胆地进行猜想，在探究中发现规律，以此让学生获得探究的快乐和成功的体验，并唤起学生内在的学习动力。在完成推证"梯形中位线定理"后，教师可充分地让学生联系思考与"三角形中位线定理"的关系，以及图形与图形之间的关系，通过变更辅助线的位置，在探究中发现两定理之间的关系。

三、逻辑思维培养

数学原理的学习不仅仅是记忆和模仿，更重要的是逻辑思维的培养。在教学中，教师应注重培养学生的逻辑思维能力，引导他们运用数学语言进行思考和表达。通过问题解决、推理证明等活动，让学生体验数学的严谨性和逻辑性，提高他们的问题解决能力和创新能力。

数学性质是一定的数学对象所具有的内在特征。一般来说，数学性质所反映的是数学对象所具有的数量关系或位置关系，如"梯形中位线平行于两底，并且等于两底和的一半"，这一性质是梯形的中位线的内在特征，它包含了两方面的含义：一是"梯形的中位线平行于两底"，反映的是梯形的中位线所具有的位置关系；二是"梯形的中位线等于两底和的一半"，反映的是梯形的中位线所具有的数量关系。教学时，教师要引导学生从数量关系和位置关系以及数量关系与位置关系的依存关系上去分析探究某一数学对象所具有的属性。如教学"平行四边形"的性质时，教师可以先出示一个平行四边形的模型，让学生仔细观察后引导学生猜想：平行四边形的两组对边有什么样的关系？然后对所得的猜想加以分析论证。教师可以运用同样的方法让学生来学习探究三角形、长方形、正方形、菱形、圆等几何对象所具有的性质。这样不但易于学生接受，而且易于学生理解和掌握，并能使学生在探究中获得发现和成功的体验，进而满足学生求知的欲望。

四、实践应用联系

数学原理的学习应该与实际应用紧密联系。在教学中，教师应注重将数学原理与实际问题相结合，让学生看到数学在现实生活中的应用价值。通过案例分析、项目实践等方式，让学生运用所学知识解决实际问题，增强他们的应用能力和实践能力。同时，通过实践应用，也可以让学生更好地理解和巩固所学知识。

数学计算一直贯穿于数学学习的始终，因而培养学生的计算能力是数学教学的重要目标。一般来讲，每一种运算都有其自身的运算法则，如"同分母分式相加减，分母不变，把分子相加减""异分母分式相加减，先通分，变为同分母的分式，然后再加减"，这是分式的加减法法则，当然，还得注意运算顺序和正确地使用符号法则，不然，很容易导致计算和化简的错误。对此，教师一方面要帮助学生切实理解各条运算法则；另一方面要设计好相关的练习，让学生在练习中提高对运算法则、运算顺序及符号法则的认知能力。

数学原理课教学既要研究数学原理的结构和属性，又要研究原理学习过程的认知活动。高效率的数学原理探究活动的教学策略包括创设情境，激发动机，让学生在数学原理的发现过程中全面而有侧重地经历数学感知、数学表征、数学概括、数学推理等认知过程，发展数学认知水平。在数学原理的应用过程中，引导学生开展数学原理的程序化表征活动、变式应用活动和系统化训练活动，实现知识的迁移应用。

五、反馈与调整

教学是一个动态的过程，需要不断地反馈与调整。在数学原理教学中，教师应注重收集学生的反馈意见，了解他们的学习情况和困惑之处。根据学生的反馈和课堂表现，及时调整教学内容和方法，确保教学的针对性和有效性。同时，教师也应鼓励学生提出问题和建议，促进师生之间的交流和互动。

数学原理课教学是一个系统而复杂的过程，需要教师和学生共同努力。只有注重基础概念的建立、推导过程的清晰展示、逻辑思维的培养、实践应用的联系以及持续的反馈与调整，才能提高数学原理课教学的质量和效果。

当然，教无定法，这就要求教师在认真把握教材的基础之上，了解学生的学习状况，在教学中探索出既适合学生实际，又有助于学生理解和掌握的教学方法，做到因材施教，实现学生的全面发展，把数学核心素养的培养渗透到教学过程中。

第二节　数学原理课阅读教学的功能

数学原理课阅读教学，不仅仅是对数学基础知识的传授，更是一种全方位的能力培养和文化熏陶过程。数学原理课阅读教学的功能主要体现在如下几个方面。

一、强化基础知识，训练逻辑思维

数学原理课阅读教学是学生学习数学的重要起点。通过阅读，学生可以系统地学习并强化数学基础知识，如代数、几何、三角函数、数列、微积分等。

这些基础知识是后续学习的基础，也是解决数学问题的基石。

数学原理课阅读教学注重培养学生的逻辑思维能力。数学中的推理、证明、归纳等都需要严密的逻辑思考。通过阅读数学原理，学生可以学习如何运用逻辑推理来解决问题，从而提升自己的逻辑思维能力。

二、提升解题能力，培养抽象思维

数学原理课阅读教学有助于提升学生的解题能力。通过数学阅读，学生可以接触到各种类型的数学题目，学习到不同的解题方法和技巧。同时，数学阅读还可以帮助学生理解题目的本质，找到解题的切入点，从而提高解题的效率和准确性。

数学原理课阅读教学对培养学生的抽象思维能力具有重要作用。数学中的概念、定理、公式等都是对现实世界的抽象和概括。通过阅读数学原理，学生可以逐渐适应并理解这种抽象性，从而培养自己的抽象思维能力。

三、激发创新能力，感知数学文化

数学原理课阅读教学能够激发学生的创新能力。在阅读过程中，学生需要不断地思考、探索、尝试，这种过程本身就是一种创新。同时，数学原理中的一题多解、一题多变等特点也为学生提供了广阔的创新空间。

数学原理课阅读教学还能够帮助学生感知数学文化。数学作为一门古老的学科，蕴含着丰富的文化内涵。通过阅读数学原理，学生可以了解到数学的发展历程、数学家的故事、数学在各个领域的应用等，从而增强对数学文化的感知和认同。

四、体现跨学科融合，养成终身学习习惯

数学原理课阅读教学具有跨学科融合应用的功能。数学作为一门基础学科，与物理、化学、生物、经济等多个学科都有密切的联系。通过阅读数学原理，学生可以了解到数学在其他学科中的应用，从而实现跨学科的融合和应用。

在数学原理教学中开展阅读教学最重要的是，数学原理课阅读教学有助于养成学生终身学习的习惯。数学原理的阅读需要耐心、细心和恒心，这种阅读过程本身就是一种学习态度的培养。同时，数学原理的深奥和广阔也会激发学

生的求知欲和好奇心，使他们能够保持持续学习的动力。

综上所述，数学原理课阅读教学具有多方面的功能，不仅能够强化学生的基础知识、训练逻辑思维、提升解题能力、培养抽象思维，还能够激发学生的创新能力，让学生感知数学文化、实现跨学科融合应用，并最终养成终身学习的习惯。

第三节　数学原理课阅读教学的基本流程、环节与原则

一、数学原理课阅读教学的基本流程

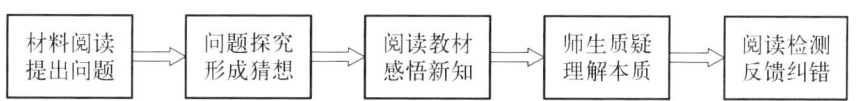

二、数学原理阅读教学的基本环节

环节一：材料阅读，提出问题。数学原理教学往往需要经历数学原理的发现过程、原理的研究过程、原理结论的论证过程、原理的应用过程。为了培养学生的阅读习惯、提高阅读能力，教师首先需要准备学生的阅读材料，包括该数学原理的发展史，即是在什么背景下想到研究这个问题的，是在偶然的情况下、在研究其他问题的过程中发现了这一现象、得到了这一结论？还是为了研究这一问题，经过一段研究的历程，最终得出了这一结论？在课堂上引导学生先阅读材料。教师设计的问题包括原理的来龙去脉等背景材料，而不是原理本身的证明过程。

环节二：问题探究，形成猜想。在环节一了解了问题背景的基础上，提出本节课所要研究的问题。这个问题大多数是教师直接提出的，也可以引导学生在情境中主动提出，然后引导学生开展探究活动，在组织形式上教师可以根据学生的具体学情安排，在研究方法上多指导。过程中体现归纳—猜想的过程，经历由特殊—一般的归纳过程，强化科学的研究方法，发展学生的数学抽象思

维能力。

环节三：阅读教材，感悟新知。 在对问题的结论形成猜想的情况下，引导学生阅读教材，对原理呈现的方式、原理的多种表述以及原理的证明过程进行精读，感受数学语言的不同表达。为了证明结论，应能建立数学逻辑链以及正确的数学表达方式，体会用数学的语言表达现实世界、用数学的思维思考现实世界的过程。

环节四：师生质疑，理解本质。 经历了以上三个环节，学生对本节课的内容有了初步的了解，对原理的来龙去脉以及原理的内容、证明的过程有一定的认识，但为了引导学生对原理的深度理解，教师必须设计有层次、有挑战的问题，引导学生加深理解。通过学生之间的思辨、师生之间的对话以及对问题的质疑，引导学生深度思考，从而达到学生对原理的本质理解。

环节五：阅读检测，反馈纠错。 为了检测学生对本节课内容的掌握程度，教师根据内容提供检测题，引导学生阅读材料、理解题意，根据原理解决问题。教师在编制检测题时，关注情境应用题、探究性问题以及开放性问题的设计，克服以往题型单一的现象，同时关注问题设计的层次性。检测的形式多样，包括独立完成、学生板演、小组合作等形式。教师针对学生完成的情况进行分析，反馈纠正，完成教学任务。

三、数学原理课阅读教学的基本原则

数学原理课阅读教学的原则是确保学生能够有效理解和应用数学原理的关键，进行中必须遵循以下原则：

（一）关联性原则

数学阅读教学应与学生已有的数学知识和经验紧密相关。通过将数学原理和阅读材料相互关联，帮助学生更好地理解数学概念，并将其应用到实际问题中。这种关联有助于学生建立知识网络，促进知识的迁移和应用。

（二）渐进性原则

数学阅读教学应从简单到复杂、由浅入深进行设计，以满足学生的认知发展需要。通过逐步增加难度和复杂度，帮助学生逐步提升数学阅读的能力和水

平。这种渐进式的学习路径有助于降低学习难度，增强学生的自信心和学习动力。

（三）合作性原则

数学阅读教学应注重学生之间的合作与交流。通过小组合作、讨论和分享，促进学生间的互动与合作，培养学生的合作精神和团队合作能力。合作性学习有助于学生从多个角度理解数学原理，拓宽解题思路。

（四）实践性原则

数学阅读教学应注重培养学生的实际应用能力。通过引导学生分析和解决实际问题，提高学生的问题解决能力和创新思维。实践性的教学活动有助于学生将理论知识转化为实际操作能力，增强学习的实效性。

（五）差异性原则

考虑到学生在个体发展区、学习方式、知识基础、思维品质等方面的差异，阅读教学应针对不同层面的学生给予不同的关注。在阅读过程中，教师应充分利用学生独立阅读的时间进行课堂巡视，将统一学习转变为个别指导，特别是对阅读能力较差的学生给予更多的帮助和支持。

（六）内化性原则

数学阅读教学的目标是使学生能够将所学的数学原理和阅读策略内化为自我监控能力。教师应不断引导学生充分实践各种具体策略和技能，逐步将这些策略和技能内化为学生的自我监控能力。这样，学生就能在新的条件下灵活运用这些策略和技能进行自我监控和调节。

（七）反馈性原则

个体的自我反馈和自我评价能力是至关重要的。教师应鼓励学生进行自我评价和反馈，培养学生的自我评价意识和能力。通过及时的反馈和调节，学生可以更好地掌握自己的学习进度和存在的问题，从而有针对性地改进学习方法和提高学习效果。

综上所述，数学原理课阅读教学的原则包括关联性原则、渐进性原则、合

作性原则、实践性原则、差异性原则、内化性原则和反馈性原则。这些原则相互关联、相互促进,共同构成了数学原理课阅读教学的基本框架和指导思想。

第四节 数学原理课阅读教学的案例分析

一、教学案例7:不等式及其性质

(一)教材分析

"不等式及其性质"在教材中起到承上启下的作用,是描述和分析实际问题的重要工具,是进一步探索不等式世界的关键。通过不等式性质的学习,学生能够掌握不等式性质及其应用,认识到数学与现实世界的紧密联系,感受到数学的魅力和实用性。本教学内容是"不等式及其性质"2课时的第二课时,是学生完成一元一次方程学习后马上衔接上的内容。不等式的性质是解不等式的主要依据,解不等式就是用不等式的性质来施行一系列的变形,因此,要正确理解和应用不等式的性质。在教学过程中,由于一元一次不等式的解法与一元一次方程的解法十分相似,所以在学习时,将新知识与一元一次方程结合起来,采用比较、类比的方法去学习,理清其区别与联系,让学生体验用"类比"的数学思想去解决问题。这也是我们探究问题、解决问题经常采用的一种方法,可以进一步培养学生探究问题、解决问题的能力。

(二)学情分析

学生已经学习了等式基本性质和不等式性质1,所以课堂中可以类比等式性质与不等式的性质,让学生非常清楚地看到两者的联系和区别。这个年龄段的学生开始有较强的自我发展意识,对于与自己直观相冲突的现象和具有"挑战性"的问题很感兴趣。所以在教学过程中让学生自主探究,给学生足够的活动时间去探讨,使他们感受学习数学的乐趣。学生在应用第三条性质时容易遇到困难,常见的是混淆性质2和性质3,此时,尽可能引导学生通过观察猜想、类比验证、交流合作等活动,经历从特殊到一般、由具体到抽象的认知过程,发展学生的归纳能力和推理能力。

（三）教学目标

（1）理解不等式性质 2、性质 3，并能根据不等式性质 2、性质 3 将不等式简单变形。

（2）通过等式的性质类比不等式的性质，经历探索不等式性质 2、性质 3 的推导过程，初步体会不完全归纳法是探索数学规律的一种方法，体会类比的思想方法及感受分类讨论的思想方法。

（3）在探索和阅读的过程中，提高自主学习能力和自我反思能力。

（四）教学重点

不等式性质 2、性质 3 的探索过程及正确运用。

（五）教学难点

不等式性质 3 的正确运用。

（六）教学过程

环节一：材料阅读，提出问题

1. 复习等式性质及不等式性质 1

等式性质 1：等式两边同时加上（或减去）同一个数或同一个含有字母的式子，所得结果仍是等式。

即：如果 $a = b$，那么 $a + m = b + m$。

等式性质 2：等式两边同时乘以同一个数（或除以同一个不为零的数），所得结果仍是等式。

即：如果 $a = b$，那么 $am = bm$ 或 $\dfrac{a}{m} = \dfrac{b}{m}(m \neq 0)$。

不等式性质 1：不等式的两边同时加上（或减去）同一个数或同一个含有字母的式子，不等号的方向不变。

即：如果 $a > b$，那么 $a + m > b + m$；

　　如果 $a < b$，那么 $a + m < b + m$。

2. 引例

（1）若 $-6a + 2 = 3$，则 $-6a = 1$，（等式性质_____）

得 $a = -\dfrac{1}{6}$。（等式性质 _____ ）

（2）若不等式 $-6a + 2 \leqslant 3$，则 $-6a$ _____ 1，（不等式性质 _____ ）

得 a _____ $-\dfrac{1}{6}$。

设计意图：复习旧知识，引导学生类比等式性质学习不等式性质，再由新问题引起学生的认知冲突，激发学生的探究动机，激励学生主动地分析问题、解决问题。可根据问题的难易程度与教学安排适时给予导向性启发。

环节二：问题探究，形成猜想

按照导读提纲的要求完成不等式性质2、3的探究：

（1）在"□"内填任意的有理数，在"___"上填">""<"或"="号；

（2）在探究中注意观察不等号方向的变化，并总结自己的发现。

$12 > 6$　　　　　　　　　　　　$-8 < 4$

步骤1：探究两边同时乘以（或除以）同一个有理数	步骤2：探究两边同时乘以（或除以）同一个有理数
$12 \times \square$ ___ $6 \times \square$	$-8 \times \square$ ___ $4 \times \square$
$12 \times \square$ ___ $6 \times \square$	$-8 \times \square$ ___ $4 \times \square$
$12 \times \square$ ___ $6 \times \square$	$-8 \times \square$ ___ $4 \times \square$
$12 \div \square$ ___ $6 \div \square$	$-8 \div \square$ ___ $4 \div \square$
$12 \div \square$ ___ $6 \div \square$	$-8 \div \square$ ___ $4 \div \square$
$12 \div \square$ ___ $6 \div \square$	$-8 \div \square$ ___ $4 \div \square$
……	……
发现	尝试用数学符号分别表示结论： 如果 $a > b$， 如果 $a < b$，

设计意图：师生探讨，形成猜想，学生探究、判断猜想的正误，教师注意了解学生的研究进展，当学生出现思维障碍时，适时适度给予点拨；当学生思维出现偏差时，适时进行导向性启发。

环节三：阅读教材，感悟新知

阅读教材第 54 页"思考"至最后一行，边阅读边思考导读提纲中的问题：

（1）比较自己填写的"发现"和教材上的结论，有何不同？（请用红笔修正）

（2）比较不等式性质 2 与不等式性质 3，有什么区别？

（3）比较等式性质 2 与不等式性质 2 和性质 3，有什么不同？

设计意图：学生对猜想给出推理判断后，急切求知自己判断的正误，方法是否合适，这时让学生阅读教材，如果教材的推理论证方法与学生的一致，可增强学生的信心，如果教材的方法与学生的不一样，学生会感悟新知识。不论哪种情况，都会激发学生的数学阅读兴趣，激发学生求知的欲望。

环节四：师生质疑，理解本质

请小组代表交流阅读后的收获，教师针对各小组情况评析、答疑解惑，在师生共同的交流研讨中理解新知，从而得到：

(1) 不等式性质 2：不等式的两边同时乘以（或除以）同一个正数，不等号的方向不变。

这个性质可以用符号语言表示为：

如果 $a > b$，且 $m > 0$，那么 $am > bm \left(或 \dfrac{a}{m} > \dfrac{b}{m}\right)$；

如果 $a < b$，且 $m > 0$，那么 $am < bm \left(或 \dfrac{a}{m} < \dfrac{b}{m}\right)$。

(2) 不等式性质 3：不等式的两边同时乘以（或除以）同一个负数，不等号的方向改变。

这个性质可以用符号语言表示为：

如果 $a > b$，且 $m < 0$，那么 $am < bm \left(或 \dfrac{a}{m} < \dfrac{b}{m}\right)$；

如果 $a < b$，且 $m < 0$，那么 $am > bm \left(或 \dfrac{a}{m} > \dfrac{b}{m}\right)$。

设计意图：师生共同探讨交流，去伪存真，使学生了解、掌握解决问题的各种思路、方法。探讨中，教师引导学生对解决问题的过程和问题本身进行反思、评析，审视求解过程，总结经验，揭示规律，提炼思想方法。

环节五：阅读检测，反馈纠错

1. 辨一辨

判断下列各题的推导是否正确？为什么？

(1) 因为 7.5 > 5.7，所以 − 7.5 < − 5.7。

(2) 因为 4a > 4b，所以 a > b。

(3) 因为 a > b，所以 − 5a > − 5b。

(4) 因为 3 > 2，所以 3a > 2a。

2. 练一练

(1) 请用 ">" 或 "<" 填空：

① 已知 $a > b$，则 $\dfrac{a}{2}$＿＿$\dfrac{b}{2}$；$-\dfrac{a}{5}$＿＿$-\dfrac{b}{5}$；$(c^2+1)a$＿＿$(c^2+1)b$；

② 由 $-3-a < -3-b$，可得出 a＿＿b；

③ 如果 $a < b$，则 $2(a-b)$＿＿$3(a-b)$；

④ 若将不等式 $(a-1)x > 2$ 依据不等式性质变形，即两边同时除以 $(a-1)$，得到 $x < \dfrac{2}{a-1}$ 成立，那么 a 与 1 的大小关系可以确定为 a＿＿1。

(2) 试比较 $-2a$ 和 $-3a$ 的大小。

设计意图：引导学生从不同的角度，采用适当的方式进行阅读检测，使学生进一步理解内化所学知识，并培养学生思维的灵活性，教师有针对性地给予讲评。师生共同归纳总结本节课的知识点、重点、难点、数学思想方法等后，教师布置作业，作业要兼具巩固复习、启发探索的作用。

二、教学案例8：一元一次不等式组

（一）教材分析

"一元一次不等式组"的学习是建立在学生已经掌握了一元一次不等式解法的基础之上，是一元一次不等式知识的综合运用和拓展延伸，是进一步刻画现实世界数量关系的数学模型，也是利用一元一次不等式组解决实际问题的关键。这一知识点是数学中解决实际问题、进行逻辑推理的重要工具，也是后续学习更复杂不等式（如二元一次不等式组、不等式与方程的综合应用）的基石。一元一次不等式组是继一元一次方程、二元一次方程组和一元一次不等式之后，又一次数学建模思想的学习，也是后续学习一元二次方程、函数的重要基础，具有承前启后的重要作用。通过学习一元一次不等式组，学生能够进一步提升解决含有多个条件问题的能力，培养逻辑思维和抽象思维能力。

（二）学情分析

学生在进入一元一次不等式组学习之前，已经具备了一元一次方程和一元一次不等式的解题基础。大部分学生能够熟练运用基本的算术运算，理解等式与不等式的概念，并能够解决简单的一元一次不等式。然而，在复杂问题的处理上，如涉及多个不等式或变量的情况，部分学生可能仍感到吃力。对于一元一次不等式组的概念，学生初次接触时可能会感到陌生。部分学生可能能够准确复述不等式组的定义，但在实际应用中，如何将实际问题抽象为不等式组模型，仍是一个挑战。此外，学生对于不等式组解集的理解，尤其是异向不等式组解集的判断，可能存在一定的困难。

（三）教学目标

（1）理解一元一次不等式组及有关概念。

（2）会解简单的一元一次不等式组，并能用数轴确定不等式组的解集。

（3）经历求一元一次不等式组的解集的过程，体会数形结合及化归的数学思想方法。

（4）在自主阅读的过程中，提高数学阅读能力，并解决有关问题。

（四）教学重点

一元一次不等式组的解法。

（五）教学难点

一元一次不等式组解集的确定。

（六）教学过程

环节一：材料阅读，提出问题

有一袋巧克力重 x 千克，如果从袋子里取出 1 千克巧克力，则剩下的巧克力至少重 2 千克；如果从袋子里取出 2 千克巧克力，则袋子里剩下的巧克力的重量不足 3 千克。你能确定这个袋子里的巧克力的重量范围吗？

设计意图：创设问题情境，以生活实例为背景帮助学生建立不等式组与实际问题之间的联系，加深对概念的理解。解决数学问题，激发学习数学的兴趣。

环节二：问题探究，形成猜想

阅读教材第 62 页并完成导读提纲阅读思考中的问题。

1. 判断下列不等式组是不是一元一次不等式组

(1) $\begin{cases} x+5>11 \\ x^2>4 \end{cases}$ （　　）　　(2) $\begin{cases} x>0 \\ x>2 \end{cases}$ （　　）

(3) $\begin{cases} x>11 \\ y<3 \end{cases}$ （　　）　　(4) $\begin{cases} x+2>1 \\ x>2 \\ x-1<3 \end{cases}$ （　　）

2. 填空

(1) 将不等式 $x \geq -1$、不等式 $x \leq 1$ 的解集在数轴上分别表示如下图所示：

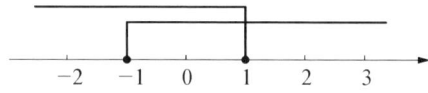

则不等式组 $\begin{cases} x \geq -1 \\ x \leq 1 \end{cases}$ 的解集是 ＿＿＿＿＿＿＿。

(2) 如图，将不等式 $x > -1$、不等式 $x > 1$ 的解集在数轴上分别表示如下图所示：

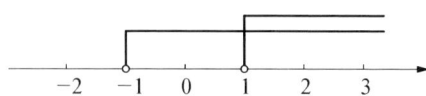

则不等式组 $\begin{cases} x > -1 \\ x > 1 \end{cases}$ 的解集是_____。

设计意图：一元一次不等式组的概念对学生而言是全新的，教师通过适当引导，让学生探究出概念，明确一元一次不等式组定义的条件，强化对一元一次不等式组的识别的同时，用数轴求不等式组的解集，感受用数学图形解题的直观性、简捷性的数学美，体会数形结合的思想。

环节三：阅读教材，感悟新知

请你说说如何求解情景（巧克力重量范围）中所列出的不等式组的解集，并思考在求解过程中要注意哪些问题？

设计意图：这个年龄段的学生开始有较强的自我发展意识，对于与自己直观相冲突的现象和具有"挑战性"的问题很感兴趣。在实际应用中，如何将实际问题抽象为不等式组模型，对学生来说是一个挑战，通过观察猜想、类比验证等数学活动，强化不等式组解集的概念。

环节四：师生质疑，理解本质

学生自主学习后小组讨论，明辨是非，解决疑难，同时，在学生碰到疑难问题时，教师加以引导，与学生共同分析讨论，使问题得到解决。

设计意图：教师通过组织学生自主学习、小组讨论等实践活动，激发学生的学习兴趣和积极性，提高学习效果，引导学生进一步理解一元一次不等式组，并能利用一元一次不等式组的解法解决问题。同时，教师在此环节应关注个体差异，要针对不同学生的学习情况，采用差异化教学策略，为学习困难的学生提供额外的辅导和支持。

环节五：阅读检测，反馈纠错

1. 用数轴确定下列不等式组的解集

（1）不等式组 $\begin{cases} x > 2 \\ x > 8 \end{cases}$ 的解集是_____

（2）不等式组 $\begin{cases} x \leqslant 2 \\ x < 5 \end{cases}$ 的解集是_____

（3）不等式组 $\begin{cases} x \geqslant -3 \\ x \leqslant 4 \end{cases}$ 的解集是_____

（4）不等式组 $\begin{cases} x > 3 \\ x < 0 \end{cases}$ 的解集是_____

2. 解下列不等式组

(1) $\begin{cases} 3x - 5 > 2x - 1 & ① \\ 5x - 6 > 2x & ② \end{cases}$ (2) $\begin{cases} 5 - 2x < 2x - 3 & ① \\ x + 3 > 2x & ② \end{cases}$

3. 思考题

某商店有两种不同品牌的文具盒，A 品牌单价 8 元，B 品牌单价 12 元。小明想用不超过 50 元的钱购买这两种文具盒（每种至少一个），有几种购买方案？

设计意图：一元一次不等式组的学习要求学生具备一定的逻辑思维能力，在解题过程中，学生需要分析题目条件，判断不等式的方向，并综合多个不等式得出解集。然而，部分学生在这一过程中可能表现出逻辑不够严谨、推理不够清晰等问题，这可能与学生的年龄特点和认知发展水平有关。因此，在此环节利用数轴解不等式组，继续培养学生的观察能力、分析能力、归纳总结能力。让学生会利用数形结合方法求解简单不等式的解集，并由此进一步体会求不等式组的解集的诀窍：同大取大；同小取小；大于小的、小于大的取中间；大于大的、小于小的无解。

三、教学案例 9：圆的周长

（一）教材分析

"圆的周长"是《圆和扇形》章节中第一节的内容。圆周率是圆的周长与直径的比值，用希腊字母 π 表示，是一个无限不循环小数。教材通过对 π 的探索，帮助学生初步感受圆周率的神奇与重要性，引导学生理解 π 是圆的一个固有属性，不随圆的大小变化而改变。在本节课的学习中，圆周率的精确理解与应用、周长公式的灵活变形与应用、复杂情境下的周长计算是难点。部分学生能够迅速识别问题中的关键信息，准确运用公式进行计算，但难以将理论知识与实际问题相联系，缺乏解决实际问题的能力。这要求教师在教学中加强实践环节的设计，提高学生的应用能力。同时，通过一系列操作活动，让学生在观察、分析、归纳中理解圆的周长的含义，经历圆周率的形成过程，推导圆周长的计算方法，为学习圆的面积等知识打下基础。通过本节课的学习，进一步培养学生动手实践、团结协作、解决问题的能力。

(二)学情分析

在进入"圆的周长"学习之前,学生已经掌握了直线图形的周长计算,如长方形、正方形的周长公式以及分数的四则运算、小数与分数的互化等基础知识,这些知识为学生学习圆的周长提供了必要的数学工具和思维基础。学生对圆的周长这一内容的学习兴趣普遍较高,因为圆是日常生活中常见的图形,且与实际问题联系紧密。然而,随着学习难度的增加,部分学生的学习兴趣出现明显下降的情况,特别是当遇到难题或计算量大时,容易产生畏难情绪。因此在教学中,教师应注重从学生已有的知识和生活经验出发,通过自主探究、猜测验证、推导圆的周长计算公式,从而使学生理解公式中的固定值"π"是如何得来的。

(三)教学目标

(1)知道圆的周长和圆周率的含义,理解圆的周长的计算公式,并能运用公式进行简单计算。

(2)通过操作、观察、比较、分析,经历圆周率和圆的周长公式的发现过程,体会从特殊到一般、"化曲为直"的数学思想。

(3)在自主学习、合作与交流中,培养自主学习以及与他人合作的能力。

(4)通过阅读圆周率知识,了解前人对圆周率的研究,特别是我国数学家对它的研究贡献,激发爱国主义热情。

(四)教学重点

理解并掌握圆的周长的计算公式。

(五)教学难点

圆的周长的计算公式的正确运用。

(六)教学过程

环节一:材料阅读,提出问题

狡猾的老爷经常受到小机灵的捉弄,非常恼火。有一天,他找来一位智者，要求他设计一场跑步比赛，刁难小机灵。不久后，智者送上了比赛的路线图，一条赛道是由两个小圆组成的"8"字形，而另一条赛道是外面的大圆，且里面两个小圆的直径都为 50 米，大圆的直径为 100 米。如果你是小机灵，你会选择哪条赛道？

设计意图：学生已经学习了圆的相关概念，这为本节课的学习打下了基础。这个年龄段的学生开始有较强的自我发展意识，以学生的兴趣作为出发点，使学生对新知识的学习充满热情和渴望，激发学生的探索欲望，为后面的学习做好铺垫。

环节二：问题探究，形成猜想

1. 测量圆的直径与周长

（1）以 4 人为 1 组，选择一种方式，测量圆形物体的直径与周长（2 人操作、1 人记录、1 人计算）。

（2）填写表格：

测量物体	圆的周长（厘米）	圆的直径（厘米）	周长是直径的几倍（保留两位小数）

（3）数据汇总并思考周长与直径有怎样的关系。

2. 几何画板演示

（略）

设计意图：小组合作旨在增强学生的合作意识，在此过程中，通过不断交流、质疑，实现思想的碰撞与思维方式的互补，自主探究，使学生感受学习数学的乐趣，逐渐养成学会倾听的好习惯，并在聆听的过程中学会分析。

环节三：阅读教材，感悟新知

请学生阅读下列材料，边阅读边思考导读提纲中的问题。

1. 填一填

（1）_____÷_____=圆周率

（2）圆周率是一个固定的数，是_____小数，近似等于_____，用字母_____来表示，读作_____。

2. 辨一辨

(1) 大圆的圆周率大于小圆的圆周率。　　　　　　　　　(　　)

(2) 任何圆的周长都是它的直径的3.14倍。　　　　　　　(　　)

3. 想一想

圆的周长公式：

(1) 圆的周长 = _____ × _____

(2) 圆的周长 = _____ × _____ ×2

4. 议一议

通过阅读和讨论，你学到了什么呢？

学生基础好的班级可以改成以下几个问题：

① 请你谈一谈对圆周率的认识？

② 请你想一想如何求圆的周长？

③ 谈一谈你读了资料后的感受？

设计意图：根据圆的周长与直径的关系，通过思考，让学生独立地推导出圆的周长的计算公式：圆的周长 = 直径×圆周率，用字母表示为 $C = \pi d$ 或 $C = 2\pi r$。通过这样的思考、探索、分析、发现并总结规律，可以使学生掌握探究学习的方法。

环节四：师生质疑，理解本质

请小组代表交流阅读后的收获，教师针对各小组情况进行评析、答疑解惑，在师生共同交流研讨中理解新知识。

设计意图：通过小组讨论，教师引导学生对解决问题的过程和问题本身进行反思、评析，审视求解过程，总结经验，揭示规律，提炼思想方法。

环节五：阅读检测，反馈纠错

(1) 已知圆的直径为10 cm，那么周长为_____。

(2) 已知圆的半径为15 cm，那么周长为_____。

(3) 已知圆的周长为12.56厘米，那么直径为_____。

设计意图：通过一系列练习帮助学生巩固所学公式，引导学生进一步理解内化所学知识，培养学生思维的灵活性，教师有针对性地给予讲评。师生共同归纳总结本节课的知识点、重点、难点、数学思想方法等后，教师布置作业，作业要兼具巩固复习、启发探索的作用。

补充阅读材料

通过实验和计算，可以发现圆的周长都是直径的 3 倍多一些。其实，这个倍数是个固定的数，叫作圆周率，用字母 π 表示，π 读作"pài"。人们经历长期的实验和计算发现圆周率是个无限不循环小数（3.141 592 6<π<3.141 592 7），<u>近似等于</u>3.14，即 π≈3.14

π 小数点后四百位的情况：

3.1415926535897932384626433832795028841971693993751058209749445923078164062862089986280348253421170679821480865132823066470938446095505822317253594081284811174502841027019385211055596446229489549303819644288109756659334461284756482337867831652712019091456485669234603486104543266482133936072602491412737245870066063155881748815209209628292540917153643678925903600113305305488204665213841469519415116094……

圆周率的发展史：

（1）古巴伦人通过计算发现，π=3.125，这可能是最古老的圆周率的近似值了。

（2）古希腊的阿基米德是第一个系统地找出圆周率的近似值和圆周率的上下限的数学家，即：3.140 84…<π<3.142 85…

介绍圆周率的历史：他在《圆的度量》中，提出三个有关圆的定理。

（3）刘徽是独立开创以多边形面积迫近圆面积的穷举法——割圆术来找出圆周率的值的。最后，刘徽更求得正 3 072 边形的面积，从而得出：π=3.141 6，即 π 的值准确至小数点后第四位，后人称为"徽率"。

（4）祖冲之运用了刘徽的"割圆术"及他无比的耐心与坚持（当时并没有算盘等计算工具，只能靠算筹帮助计算，但他实质的计算方法则无从确定），算到：3.141 592 6＜π＜3.141 592 7，祖冲之成为世界上第一个把圆周率的值精确到 7 位小数的人。他的这项伟大成就比国外数学家得出这样精确数值的时间，至少要早 1 000 年。

（5）如今随着电脑的发明与科技的发展，圆周率值的精确位数得以突飞猛进，2011 年 IBM 的计算机已经将圆周率精确到 60 000 000 000 000 位小数。

设计意图：学习材料即阅读材料的整合，既让学生理解本节课的新知识（圆周率、圆的周长），同时也让学生了解圆周率的发展史，开拓学生的学习视野，同时也激发学生的自豪感。

四、教学案例10：表示一组数据平均水平的量

（一）教材分析

"表示一组数据平均水平的量"是《统计初步》章节中的内容。统计与概率的内容是初中数学的重要组成部分，从教材编写特点来看，平均数在统计学上占有非常重要的位置，小学阶段学生已经学会计算多个数据的算术平均数，对平均数的概念有了初步的认识。本节课的关于一组数据平均水平的量主要分为算术平均数、加权平均数，其常用于表示统计对象的一般水平，是描述数据集中趋势的一个统计量，可以反映一组数据的集中趋势，也可以用它进行不同组数据的比较，进而看出组与组之间的差别。利用方差、标准差等来研究数据离散情况时，也要用到平均数，可见平均数是统计内容中的一个重要概念。

（二）学情分析

九年级学生具有较强的好奇心、求知欲，愿意展示自己和帮助别人，同时经过初中前几年的学习和锻炼，已经具备基本的分析和解决问题的能力，这些都为本节课的探究、学习奠定了基础。大部分学生能够理解数据收集与整理的基本方法，准确理解平均数的定义，即所有数据的和除以数据的个数。但在处理加权平均数时，部分学生表现出理解不足的情况，而在解决实际问题时，部分学生缺乏灵活应用的能力。因此，教师可以引导学生在课堂中广泛参与，积极主动投入学习活动，让学生的学习主体性得到培养和发展，从而建构起学生自己的知识体系。

（三）教学目标

（1）通过具体的事例初步认识算术平均数、加权平均数及权的意义，体会学习算术平均数和加权平均数的必要性及它们的联系与区别。

（2）掌握算术平均数和加权平均数的计算方法，会计算一组数据的算术平

均数或加权平均数。

（3）在运用算术平均数和加权平均数的知识解决实际问题的过程中，积累分析和处理数据的方法，发展统计观念。

（四）教学重点

权及加权平均数概念的理解、加权平均数的计算公式及其应用。

（五）教学难点

体会权的差异对平均数结果的影响，理解加权平均数和算术平均数的联系与区别。

（六）教学过程

环节一：材料阅读，提出问题

期中考试结束了，下表是某个班级中两个小组同学的数学分数，你知道哪个小组考得更好吗？你是如何判断的？

序号 组号	①	②	③	④	⑤	⑥	⑦	⑧	⑨	⑩
第一组（分）	90	88	80	99	76	92	97	74		
第二组（分）	95	88	95	95	88	88	75	99	88	75

设计意图：通过多媒体屏幕展示表格统计图，唤起学生对所学统计知识的记忆，同时针对统计图，提出几个问题，引起学生认知冲突，激发学生学习相关新知识的兴趣，调动其学习积极性。

环节二：问题探究，形成猜想

带着问题阅读教材第48—50页及第74页补充阅读材料，通过独立思考、合作交流解答导读提纲中的问题：

（1）请你阅读教材第48页，写出求两个小组成绩的算术平均数的式子及结果。

（2）参考教材第49页"例题1"中处理数据的方法，重新整理环节一的表中第二组数据，填写下表，并列出求第二组同学的平均分的算式。

分数（分）	75	88	95	99
人数（人）				

解：第二组的平均分 $\bar{x} =$

上述求第二组平均分的方法就是求这组数据的_____平均数；其中 75 的权是_____，88 的权是_____，95 的权是_____，99 的权是_____。

设计意图：经历由特殊到一般的归纳过程，强化科学的研究方法，发展学生的数学抽象能力。

环节三：阅读教材，感悟新知

(1) 在教材第 137 页例题中，请注意"创新""综合知识"和"语言"三项测试的重要程度。这三项测试依次按 4∶3∶1 的比例确定成绩，是谁能被录用？若将这三项测试得分改为按 1∶3∶4 的比例确定成绩，那又是谁能被录用？结果是否相同？是什么因素在起作用呢？

(2) 在教材第 137 页例题中，第 (1) 小题的平均成绩是_____平均数，它也可以看成是"创新""综合知识"和"语言"三项测试得分按照_____比例来计算的，此时也可称之为_____平均数；你能从中体会算术平均数与加权平均数之间关系吗。

设计意图：教学中充分挖掘学生生活实际的教学素材，将知识的学习置于解决问题的情境中，作为数据分析处理过程的一部分，使学生体会数学与现实生活的联系。

环节四：师生质疑，理解本质

学生自主学习后小组讨论，明辨是非，解决疑难。同时，在学生碰到疑难问题时，教师加以引导，与学生共同分析讨论，使问题得到解决。

设计意图：教师通过组织学生自主学习、小组讨论等实践活动，激发学生的学习兴趣和积极性，提高学习效果。引导学生进一步理解算术平均数、加权平均数的区别。同时，教师在此环节应关注个体差异：针对不同学生的学习情况，采用差异化教学策略，为学习困难的学生提供额外的辅导和支持。

环节五：阅读检测，反馈纠错

1. 填空题

（1）某次歌咏比赛中，选手张华的唱功、音乐常识、综合知识成绩分别为 89 分、80 分、85 分。

① 他的平均成绩是_____。

② 若这三项按 5：3：2 的比例计算比赛成绩，则唱功、音乐常识、综合知识成绩的权分别为_____、_____和_____，张华的最后成绩是_____。

（2）学校举办了一次英语竞赛，竞赛项目包括阅读、作文、听力和口语四部分，小明的竞赛成绩如下：

学 生	阅读	作文	听力	口语
小 明	90 分	80 分	80 分	70 分

现在老师根据这四项比赛的"重要程度"，将阅读、作文、听力和口语分别按 30%、30%、20% 和 20% 的比例计算小明的竞赛成绩，小明四项比赛成绩的权分别为_____、_____、_____和_____，小明的最终竞赛成绩为_____。

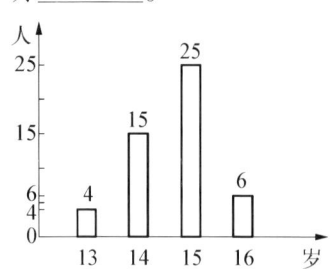

2. 思考题

（1）右图是某班全体学生年龄的统计图，根据图中提供的信息，求出该班学生的平均年龄。

解：$\bar{x} =$

（2）学校广播站要招聘一名记者，小明、小亮和小丽报名参加了 3 项素质测试，成绩如下：

测试成绩 报名人员	采访写作（分）	计算机（分）	创意设计（分）
小明	70	60	86
小亮	90	75	51
小丽	60	84	78

如果学校广播站需要一个对计算机操作相对熟练的人员，请你设计一个比例方案，使之有利于学校的招聘。

设计意图：让学生讨论，得出比例方案并相互验证，设置开放性题目，活跃学生思维，提高数学实用性。通过归纳总结出本节课的重、难点问题，使学生所学的知识形成体系，发挥学生的主观能动性，培养学生归纳总结知识的能力。

五、教学案例 11：分数的大小比较

（一）教材分析

"分数的大小比较"是《分数》章节内容中的一节。人类对数的认识是在生产生活的实践中不断地加深与发展的，从扩充运算的角度引入了分数，《分数》章节的内容给学生提供了丰富的数学活动机会。通分虽然不是这个章节的标题，但是它在这一节里却占据举足轻重的地位，让学生学好通分也成了这堂课的一个重点。通分既然是重点，那么在课堂上就要花一定的时间和精力通过比较、分析、综合、概括、反思等方式获得对通分意义的理解和方法的掌握，可以帮助学生探索发现隐含于问题背后的各种关系和科学知识，形成对某些方面的更深刻的理解，以及发展学生的个性化思维水平，提高自学的能力。前后知识的相互联系以及分数的大小在数轴上形象地表示，渗透了转化和数形结合的数学思想。

（二）学情分析

六年级的学生在小学阶段已经知道了分数大小的比较有分母相同和分子相同两种情况，可以再引出异分母分数的大小的比较，使学生在已有知识的基础上主动进入学习情境，愉快地学习、探索新知识，主动地掌握新知识，学会"化异为同"。异分母分数的处理，需要学生灵活运用数学转化思想，将复杂问题转化为简单问题来解决。这种转化能力，不仅限于分数运算，更是贯穿整个数学学习乃至其他学科学习的重要思维方法，有助于学生形成灵活多变的解题思路，提高解题效率。

（三）教学目标

（1）经历阅读与思考的过程，理解通分的意义，并能利用通分比较异分母分数的大小。

(2)通过自主探究,初步获得利用旧知识解决新问题的能力。

(3)通过观察讨论,初步具备运用转化的思想解决实际问题的能力。

(四)教学重点

理解通分的意义,掌握通分的方法。

(五)教学难点

在理解通分意义的基础上用通分的方式比较异分母分数的大小。

(六)教学过程

环节一:材料阅读,提出问题

试一试:在下面的（　　）里填上"<"">"或"="：

$$\frac{6}{7}(\quad)\frac{5}{7} \qquad \frac{7}{10}(\quad)\frac{9}{10} \qquad \frac{6}{13}(\quad)\frac{7}{13}$$

通过以上的比较,说说你的解题思路,还有其他的方法吗?

设计意图:在此之前,学生已经学习了分数与除法、分数的基本性质这两节内容。在小学阶段也已学习了同分母、同分子分数间的两种大小比较方法。本节课课前通过练习,要求学生比较两个分数的大小,从而找出规律:同分母分数,分子越大分数就越大;同分子分数,分母越大分数反而越小;以此为切入口为新课探索做铺垫。通过前几节课知识点的回顾和小学阶段知识的回忆,在比较异分母分数的大小时,学生能顺其自然地正向迁移到异分母分数化成与原分数大小相等的同分母分数即可比较大小。

环节二:问题探究,形成猜想

仔细阅读教材第39页"问题":一根直径为$\frac{5}{6}$厘米的电缆线是否可以穿进直径为$\frac{7}{8}$厘米的管道?

通过阅读题目你知道了什么?准备怎样解决这个问题?

设计意图:在比较$\frac{5}{6}$和$\frac{7}{8}$的大小时,教材中是"不是同分母的分数,如何比较大小呢?化成同分母的分数来处理"很快就把如何通分讲完。但这样做的同时也局限了学生的思维，抑制了可能会出现的新思想的火花。因此在上课的时候，教师可以放手让学生试一试、议一议，这样可能会出现许多意料之中的方法。原本非常抽象的一个法则，学生通过自己的探索，很容易就能理解"通分"的实质。

环节三：阅读教材，感悟新知

"如何将这两个分数化为分母相同的分数进行比较？"带着问题阅读教材第40页第一行至第十二行。

(1) 阅读第一行至第二行，用自己的话说说什么是公分母？

(2) 阅读第三行至第四行，你认为几个异分母分数的公分母有几个？一般怎样选取公分母？

(3) 观察算式：$\frac{5}{6}=\frac{5\times 4}{6\times 4}=\frac{20}{24}$，$\frac{7}{8}=\frac{7\times 3}{8\times 3}=\frac{21}{24}$，你认为将这两个分数化为分母相同的分数的依据是什么？

设计意图：引导学生阅读教材，对原理呈现的方式、原理的多种表述以及原理的证明过程进行精读，感受数学语言的不同表达。在学生表达时，教师要注意规范学生的数学语言，让学生体会用数学的语言表达现实世界、用数学的思维思考现实世界的过程。

环节四：师生质疑，理解本质

(1) 把$\frac{5}{6}$化为$\frac{20}{24}$，$\frac{7}{8}$化为$\frac{21}{24}$的过程就叫通分，你能否用自己的话说一说什么叫"通分"？你认为通分的关键是什么？

(2) 比较大小：$\frac{3}{5}$和$\frac{2}{7}$。

(学生可在练习本上尝试自行解答，并指定学生板演，教师巡视指导。完成后教师可提示学生阅读"例题1"并自行检查，请板演的学生说说自己的解题思路。教师根据学生板演情况，指导书写格式)

思考：通分时应注意什么？用自己的话说说异分母分数比较大小的一般方法。

设计意图：若课堂伊始教师就告诉学生，今天我们来学习通分，学生很可能会感到困惑，而这样一步步地引导，学生在不知不觉中就理解了所要学习的知识"通分"，还知道了多种比较两个分数大小的方法。通过这种教学方式，

教师把课上的大部分时间还给了学生,发挥了学生的主动作用,让学生去探索、去思考,面对新的问题不胆怯,"我不会做""老师没教过"……这种话也渐渐少了。学生都愿意去直面问题、解决问题,且敢于、乐于发表自己的见解,从互相讨论、倾听中获得知识和能力。

环节五:阅读检测,反馈纠错

1. 阅读教材第 41 页中 1—(1)(3)(5)题,思考:是否存在分母为 12 的比 $\dfrac{5}{6}$ 小的最简分数?如果存在,求出所有符合条件的最简分数。

设计意图:对例题的求解过程较为详细、严密地给出了解题"四步曲"。第一步:取各分母的最小公倍数作为公分母;第二步:通分,即异分母化成同分母;第三步:同分母分数比较大小;第四步:回归原分数比较大小。同时强调了第三、第四步之间的因果关系。通过对"四步曲"解题过程的具体板书、强调,提高学生实际解题的规范性以及准确率。

第五章 数学习题课阅读教学实践案例与评析

第一节 对数学习题课教学的认识

数学习题课教学是数学教学中的重要环节，不仅是学生巩固知识、提高解题能力的有效途径，也是教师检验教学效果、调整教学策略的重要依据。数学习题课教学不仅涉及数学知识点的应用，更涵盖了数学思维的培养和数学方法的掌握。因此，对于对数学习题课教学的认识，需要从多个维度进行深入探讨。

一、数学习题课教学的目的

数学习题课教学的目的主要有如下几点：一是巩固知识点。通过习题的解答，学生能够更加深入地理解数的基本概念、性质和运算法则，巩固所学的知识点。二是提高解题能力。习题的解答过程需要学生运用所学的数学知识进行分析、推理和计算，从而提高学生的解题能力。三是培养数学思维。数学习题课教学不仅要求学生掌握解题技巧，更要求学生具备数学思维能力，如归纳、类比、化归等。四是激发学习兴趣。有趣、富有挑战性的习题，可以激发学生的学习兴趣，培养学生的数学兴趣。

二、数学习题课教学的策略

数学习题课教学的策略可以从如下几个方面考虑：一是精选习题。教师应

根据学生的实际情况和教学目标，精选具有代表性、典型性和启发性的习题，避免重复和机械训练。二是引导学生思考。在解题过程中，教师应注重引导学生思考，鼓励学生尝试不同的解题方法和思路，培养学生的创新能力和探索精神。三是注重解题过程。教师应关注学生的解题过程，及时纠正学生的错误思路和方法，帮助学生总结解题经验和教训。四是及时反馈。教师应及时对学生的解题情况进行反馈，肯定学生的进步和成绩，指出学生的不足和需要改进的地方。

三、数学习题课教学过程中的注意事项

数学习题课教学过程中需要注意如下几点：一是难度的循序渐进。在选习题和讲解时，教师应注意习题难度的循序渐进，避免一开始就让学生接触难度过高的题目，导致学生失去信心。二是注重基础知识的巩固。数学习题课教学应建立在学生已经掌握数的基本概念和性质的基础上，避免盲目追求难度和深度。三是培养学生自主学习的能力。在解题过程中，教师应注重培养学生自主学习的能力，鼓励学生独立思考和解决问题，避免过分依赖教师。四是激发学生的学习兴趣。教师应通过有趣、富有挑战性的习题激发学生的学习兴趣，让学生在解题过程中感受到数学的魅力和乐趣。

总之，数学习题课教学是数学教学中的重要环节，对于学生巩固知识、提高解题能力、培养数学思维和激发学习兴趣等方面都具有重要作用。因此，教师应注重对数学习题课教学的策略和方法的研究和应用，不断优化教学设计和方法，提高教学效果和质量。同时，学生也应积极参与数学习题课教学活动，努力提高自己的数学素养和能力。

第二节　数学习题课阅读教学的功能

在数学解题过程中，阅读主要体现在审题以及对归纳结果的阅读理解，促进深度学习。审题对解题而言是至关重要的一步，决定了做题者对题目的理解程度，进而影响解题的正确性和效率。在数学习题课教学中，数学阅读发挥着积极作用，促进学生对问题的理解，形成解决问题的思路。

一、通过阅读理解题目要求、解析关键字词

首先，需要仔细阅读题目，明确题目所要求解决的问题，要特别注意题目中的关键字词和限定条件，它们往往决定了问题的方向和范围。同时，还要了解题目考查的知识点和技能点，以便在审题过程中有针对性地思考和分析。

在审题过程中，关键字词的解析是非常重要的。这些关键字词往往蕴含着题目的核心信息和解题方向，需要仔细分析这些关键字词，明确它们的含义和作用。例如，题目中的"最值""不等式""方程"等词汇，会让头脑中浮现相关知识点，建立知识点之间的联系。又如"不等式恒成立""方程在某一范围有解"等，能让人联想到解决此类问题的基本方法。因此审读题目时，需要特别关注关键字词，通过解析这些关键字词，可以更好地理解题目要求，思考解题的路径，为后续的解题过程打下基础。

二、通过阅读明确逻辑关系、梳理题目信息

数学题目中的逻辑关系往往比较复杂，需要仔细梳理和分析。在审题过程中，需要明确题目中各个条件之间的逻辑关系，以及它们对解题过程的影响。同时，还要注意判断题目中的条件是否充分、必要或既不充分也不必要，以便更好地把握解题方向。

审题过程中，需要对题目中的信息进行梳理和分类。这包括已知条件、未知量、所求结果等各个方面。通过梳理题目信息，可以更好地了解问题的整体结构和特点，为后续的解题过程提供清晰的思路。同时，还要注意检查题目信息的完整性和准确性，避免因信息不足或错误而导致的解题错误。

三、通过阅读识别隐藏信息、构建数学模型

在数学题目中，往往隐藏着一些不易察觉的信息。这些信息可能是题目中的某个细节、一个条件或者是一个隐含的条件。例如"关于 x 的函数 $y = kx + b$""关于 x 的一次函数 $y = kx + b$"，后面一个表述隐藏 k 不等于 0 的条件。为了识别这些隐藏信息，需要细心观察、仔细分析题目中的每一个部分。通过识

别隐藏信息，可以更全面地了解题目要求，为解题提供更多的线索和思路。

在理解题目要求和识别隐藏信息之后，需要根据题目的特点构建数学模型。数学模型是解题过程中的重要工具，它可以帮助我们更好地理解问题的本质和规律。在构建数学模型时，需要选择合适的数学工具和方法，并根据题目要求进行适当的调整和修改。通过构建数学模型，可以将复杂的数学问题转化为简单的数学形式，从而更容易找到解题的方法和思路。特别是解决真实情境的数学问题，理解题意就显得尤为重要，通过理解题意，可以明确该问题与数学中哪些相关知识有关联，可以建立怎样的数学模型解决问题。

四、通过阅读检查审题结果、确保解题正确

需要对审题结果进行检查和确认，包括检查题目要求是否完全理解、关键字词是否准确解析、逻辑关系是否明确、题目信息是否完整梳理、隐藏信息是否全部识别以及数学模型是否构建正确等方面。通过检查审题结果，可以确保自己对题目的理解是准确的、全面的和深入的，从而为后续的解题过程提供有力的保障。

总之，提高数学审题能力需要从多个方面入手，包括理解题目要求、解析关键字词、明确逻辑关系、梳理题目信息、识别隐藏信息、构建数学模型以及检查审题结果等。只有不断地练习和实践，才能逐渐提高自己的审题能力，并在数学解题过程中取得更好的成绩。

第三节　数学习题课阅读教学的基本流程与原则

一、数学习题课阅读教学的基本流程与具体环节

（一）基本流程

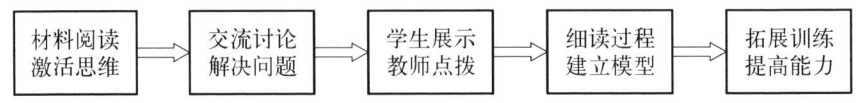

（二）具体环节

环节一：材料阅读，激活思维。为了上好习题课，教师首先要明确本节课的教学目标，通过这一节习题课，需要让学生掌握哪一类数学问题的解法，复习哪些相关知识，构建整体性的知识结构。通过习题课培育学生怎样的分析问题、解决问题的能力，形成解决问题的基本方法。因此教师在想清楚这些问题之后，组织材料，选择典型例题。所谓的材料，可以是与这节课所要讲解的数学题目相关的实际情境，也可以是数学问题，目的是通过阅读环节，把学生的思维激活，把思维聚焦到今天需要解决问题的思考场里，正确理解题意，在这样的情境中开始今天的思考。

环节二：交流讨论，解决问题。学生通过阅读，理解了这节课所要解决的问题，教师可以通过相关的教学组织形式，如独立思考、小组研讨、合作学习等方式，引导学生探讨问题解决的思路，尝试解决问题。教师巡视，及时了解学生的学习状况，及时解决学生在思考过程中出现的问题。

环节三：学生展示，教师点拨。在学生经历讨论的基础上开展班级交流，让学生回答"你是如何理解这一问题的？""你是如何思考解题路径的？""你是否已经有了解决问题的方法？""能否与大家分享你的思考？"等。在学生交流的过程中，教师有针对性地进行点拨，将思考过程中的关键点重点落实。这一过程可以引导学生表达自己的思考过程，即通过出声思维展现思维过程，既培养了学生的表达能力，又培养了学生逻辑思维能力。

环节四：细读过程，建立模型。经过第三个环节，学生对开始的问题有了完整的解题过程，这种对解题过程的完整表述，有利于培养学生的数学表达能力和逻辑思维能力，在教学中必须抓住机会，让学生自己完成。这时，教师引导学生仔细阅读自己的解题过程，回顾解题思路的探究过程，归纳总结解决此类问题的一般方法，建立数学解题模型。这样才能够实现数学习题课阅读教学的目标——解一题通一类，从而提高学生的数学解题能力。在此过程中，阅读的过程就是深度思考的过程，是把学生的思维引向深刻的过程，有利于数学高阶思维的培养。

环节五：拓展训练，提高能力。基于对问题解决方法的归纳总结，得出解决此类问题的一般方法，为了巩固方法的应用，拓展学生的思维，建立与其他知识点之间的连接，教师需要提供更高层次的问题，开展应用训练，特别在数学问题的呈现方式上体现多样性，如应用性问题、探究性问题、开放性问题等形式；在题目的难度上体现层次性，让不同层次的学生都有体验、都有收获。

二、数学习题课阅读教学的基本原则

数学习题课阅读教学是数学教育中的重要环节，不仅要求学生掌握数学知识，更要求学生能够理解和运用这些知识去解决实际问题。因此，在阅读数学习题时，教师应遵循一定的教学原则，以帮助学生有效地理解和掌握数学知识，提高解题能力。在开展数学习题课阅读教学过程中必须遵循如下原则：

（一）目的性原则

在进行数学习题课阅读教学时，教师应明确教学目标，使学生明确阅读的目的。阅读数学习题不仅仅是为了找出答案，更重要的是理解问题的背景、条件和要求，理解问题背后的数学知识和方法。教师应在教学中强调这一点，使学生在阅读习题时始终具有清晰的目标。

（二）层次性原则

数学习题的难度通常呈阶梯状分布，从简单到复杂，从基础到综合。因此，在进行数学习题课阅读教学时，教师应遵循层次性原则，从简单的题目开始，逐渐引导学生接触更复杂的题目。这样不仅可以帮助学生逐步树立自信心，还可以使学生逐渐掌握解题技巧和方法。

（三）启发性原则

启发式教学是数学教育中的重要原则之一。在进行数学习题课阅读教学时，教师应注重启发学生的思维，引导学生自主思考、独立探索。教师可以通过提问、引导、讨论等方式，激发学生的求知欲和好奇心，使他们能够主动参与到教学活动中来。

（四）实践性原则

数学是一门实践性很强的学科，数学习题课阅读教学也应注重实践性。教师应为学生提供足够的练习机会，让他们在实践中掌握数学知识和方法。同时，教师还应鼓励学生将所学知识应用于实际生活中，提高他们的数学应用能力和解决问题的能力。

（五）反馈性原则

反馈是教学过程中不可或缺的一部分。在进行数学习题课阅读教学时，教师应及时给予学生反馈，让他们了解自己的学习情况。教师可以通过批改作业、课堂讲解、个别辅导等方式，向学生反馈他们的学习成果和存在的问题，帮助他们及时纠正错误，提高学习效率。

数学习题课阅读教学是培养学生数学素养和解题能力的重要途径。在进行数学习题课阅读教学时，教师应遵循目的性原则、层次性原则、启发性原则、实践性原则和反馈性原则，帮助学生有效地理解和掌握数学知识，提高解题能力。同时，教师还应注重培养学生的自主学习能力和创新精神，为他们未来的学习和发展打下坚实的基础。

第四节　数学习题课阅读教学案例分析

一、教学案例12：当角平分线遇到垂直

（一）教材分析

八年级几何证明中，已知角平分线和垂直添加辅助线构造基本图形是重要的教学内容。本节课是已知角平分线和垂直添加辅助线构造基本图形，通过这部分内容的学习，学生将进一步理解角平分线的性质、等腰三角形性质定理，并学会运用这些性质来解决实际问题。利用已知条件添加辅助线构造基本图形是证明几何命题、解决几何问题的重要手段，其不仅能够帮助学生深入理解几何图形的性质，还能培养学生的逻辑思维、空间想象和问题解决能力。通过这一部分内容的学习，学生能够掌握添加辅助线的原则和方法，为后续的几何学习打下坚实的基础。另外学生通过这节习题课学会了解决这类问题的一般方法和研究的一般路径，在探究过程中学会发现问题、提出问题、分析问题、解决

问题，形成良好的思维品质和发展核心素养。

（二）学情分析

学生已经具备了一定的识图、作图、表达的技能以及合情推理和初步的演绎推理的能力。添加辅助线构造基本图形时，学生可能有基础知识掌握不牢、基本图形识别不清、盲目添加辅助线、思维能力受限、解题策略不当等方面的障碍，所以添加恰当的辅助线构造基本图形是本节课的难点。本节课的学习可以帮助学生获得角平分线与垂直有关的几何证明的一般思路，帮助学生深入理解几何图形的性质，还能培养学生的逻辑思维、空间想象和问题解决能力。通过这一部分内容的学习，学生能够掌握添加辅助线的原则和方法，为后续的几何学习打下坚实的基础。

（三）教学目标

(1) 根据图形特征，添加恰当的辅助线，构造出基本图形。

(2) 通过一题多变，掌握解决一类问题的基本方法，体会分类讨论的数学思想。

(3) 在解决问题的过程中，养成读图、标图的习惯，体会研究问题的一般思路，提高归纳反思的意识。

（四）教学重点

掌握添加辅助线构造基本图形的方法。

（五）教学难点

添加恰当的辅助线，构造基本图形解决复杂的几何问题。

（六）教学过程

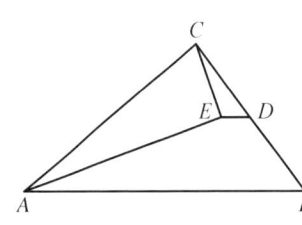

环节一：材料阅读，激活思维

如图，在△ABC中，点 D 是 BC 的中点，AE 是∠CAB 的角平分线，CE⊥AE 于点 E。

求证：(1) DE∥AB；(2) 若 $AC=b$，$AB=c$，用含 b、c 的式子表示 DE 的长。

设计意图：由学生作业中的一道习题引入，通过阅读环节，请学生边阅读题目边标注图形，阅读时思考以下几个问题：一是在处理一个几何问题时会先做什么？二是阅读到 DE∥AB 时，思考有哪些平行线证明方法？三是这题你可能会选用哪种方法证明平行呢？为什么？四是三角形中位线定理除了可以证明两直线位置关系外，还可以得出什么结论？五是研究完以上问题，你能小结解决问题的方法吗？通过以上问题激活学生的思维，把思维聚焦到今天需要解决问题的思考里，正确理解题意，在这样的情境中开始本节课的思考，发现角平分线+垂直可以构造等腰三角形，发现有中点可以构造中位线，发现做几何题要先标注……。

环节二：交流讨论，解决问题

变式 1-1：如图，在 △ABC 中，点 D 是 BC 的中点，AE 是 ∠CAB 的外角平分线，CE⊥AE 于点 E。求证：(1) DE∥AB；(2) 若 AC=b，AB=c，用含 b、c 的式子表示 DE 的长。

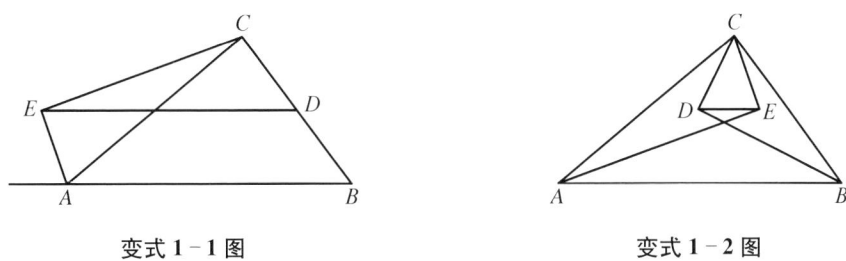

变式 1-1 图　　　　　　　　　　变式 1-2 图

变式 1-2：如图，在 △ABC 中，过点 C 作 ∠CAB、∠CBA 的内角平分线的垂线，垂足为点 E、点 D，联结 DE。求证：(1) DE∥AB；(2) 探究 DE 与 △ABC 三边的数量关系。

设计意图：学生通过阅读题目、标注，思考："这两题的角平分线与第一题中的角平分线有什么区别？你会如何解决呢？"理解本节课所要解决的问题：已知角平分线和垂直如何添加辅助线构造基本图形。教师通过让学生独立思考、小组合作交流等方式，引导学生探讨问题解决的思路，尝试解决问题，教师巡视，及时了解学生的学习状况，解决学生在思考过程中出现的问题。

环节三：学生展示，教师点拨

设计意图：在学生经历小组讨论的基础上开展班级交流，让学生回答：从第一题开始，我们研究了三个问题，请仔细观察一下，思考研究这类问题的一般思路是什么？按这样的研究思路，还可以进行怎样的研究呢？让学生把解题

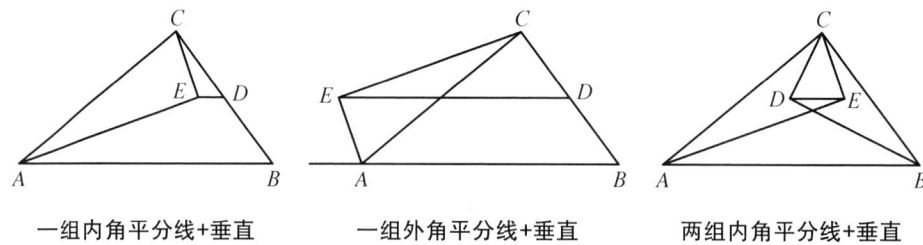

| 一组内角平分线+垂直 | 一组外角平分线+垂直 | 两组内角平分线+垂直 |

路径写在学习单上,并尝试解决。在学生交流的过程中,教师针对学生的讲解,有针对性地进行点拨,将思考过程中的关键点重点落实。对于一题多变的情况,抓住本质,注意不同背景下思想方法的一致性。整个流程引导学生表达思考过程,既培养了学生的表达能力,又培养了学生逻辑思维能力。

环节四:细读过程,建立模型

接下来,可以对题目进行怎样的变式呢?

变式1-3:按照上述习题的研究思路,请你来做小老师,设计一个新问题,并尝试解决。

题目:如图,已知_____
_____。

问题:_____。

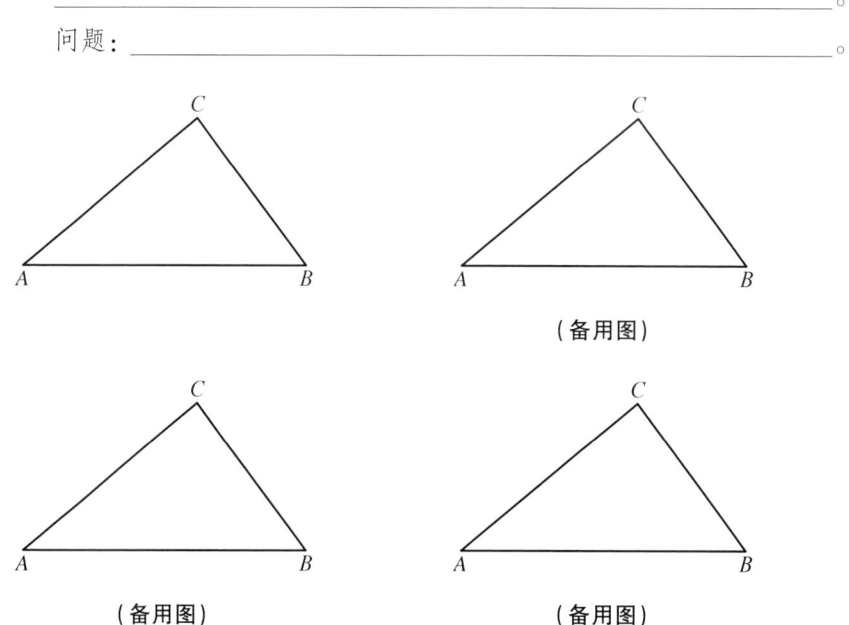

(备用图)

(备用图) (备用图)

解答1:如图,在$\triangle ABC$中,过点C分别作$\angle CAB$、$\angle CBA$的外角平分线

的垂线，垂足为点 E、点 D，联结 DE。求证：（1）DE ∥ AB；（2）探究 DE 与 △ABC 三边的数量关系。

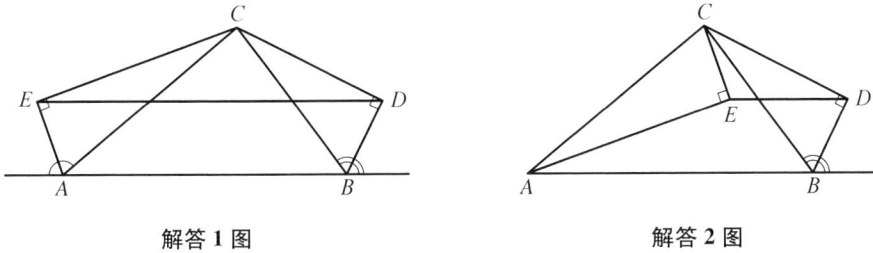

解答 1 图　　　　　　　　解答 2 图

解答 2：如图，在 △ABC 中，过点 C 作∠CAB 内角平分线的垂线，垂足为点 E；过点 C 作∠CBA 的外角平分线的垂线，垂足为点 D，联结 DE。求证：（1）DE ∥ AB；（2）探究 DE 与 △ABC 三边的数量关系。

解答 3：如图，在 △ABC 中，过点 C 分别作∠CAB 的内角、外角平分线的垂线，垂足为点 E、点 D，联结 DE。求证：（1）DE ∥ AB；（2）探究 DE 与 △ABC 三边的数量关系。

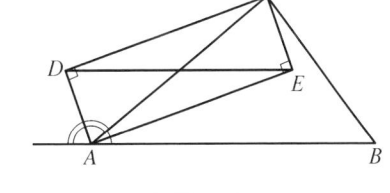

解答 3 图

设计意图：经过第三个环节，学生对开始的问题有了完整的解题思路，而对解题过程的完整表达，有利于培养学生的数学表达能力和逻辑思维能力，通过让学生独立完成以下几个问题：本节课主要研究了什么问题？解决这类问题的一般方法是什么？（当一条线既是角平分线又是高时，联想到三线合一，通过构造等腰三角形来解决）研究这类问题的一般思路是什么？蕴含了什么数学思想？（先研究一组内角平分线+垂直，再研究一组外角平分线+垂直，然后研究两组内角平分线+垂直，进而研究一内一外、两个外角的研究问题的思路，蕴含分类讨论的数学思想）引导学生仔细阅读自己的解题过程，回顾解题思路的探究过程，归纳总结解决此类问题的一般方法，建立数学解题模型，实现本节习题课教学的目标——根据图形特征，添加恰当的辅助线，构造出基本图形。

环节五：拓展训练，提高能力

如图，在 Rt△ABC 中，∠ACB = 90°，点 D 是 AB 的中点，CF 平分∠ACB，E 在 AC 上，CF ⊥ BE 于点 F，过点 A 作 AG ⊥ CF 交其延

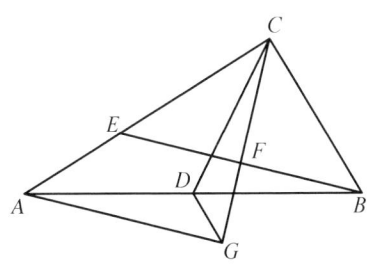

长线于点 G，连接 DG。

求证：$AE = 2DG$（请尝试用多种方法进行证明）。

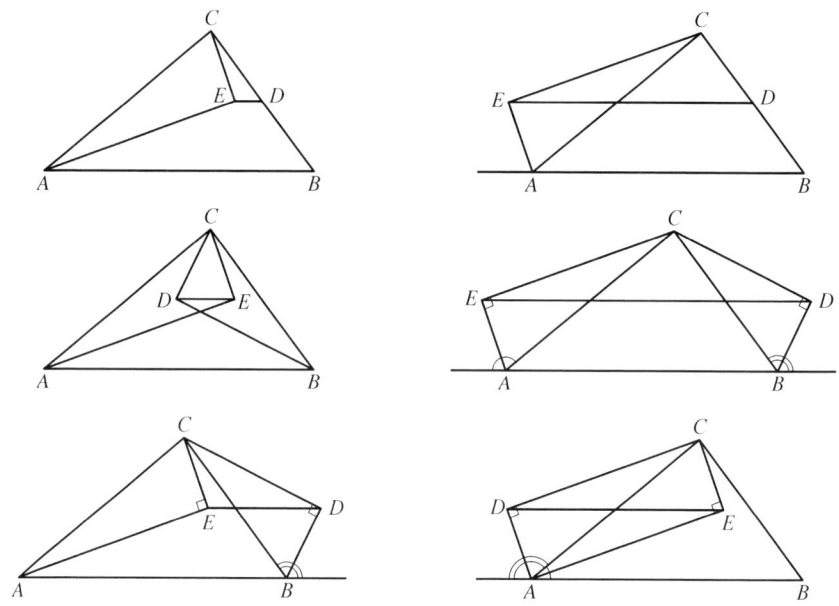

设计意图：基于对已知角平分线和垂直添加辅助线构造基本图形的问题解决方法的归纳总结，得出解决此类问题的一般方法——构造等腰三角形，为了巩固方法的应用，拓展学生的思维，建立与其他知识点之间的连接，教师提供思考题，让学生能够学以致用并尝试多种解法，在题目的难度上体现层次性，让不同层次的学生都有体验、都有收获。

二、教学案例 13：二次函数背景下三角形面积计算探究

（一）教材分析

本节习题课是二次函数背景下的面积计算，二次函数作为初中数学的重要内容，不仅贯穿了整个代数体系，还为学生后续学习高中数学不等式等内容奠定坚实的基础。二次函数背景下的三角形面积计算，不仅是将抽象的二次函数知识与直观的图形结合起来，培养学生的数形结合思想，还鼓励学生探索其他可能的解题方法（直接求还是间接求），培养学生的创新思维和解题能力，并引导学生将所学知识应用于实际问题的解决中，培养学生的实践能力和应用意

识。同时学生通过这节习题课学会了解决二次函数背景下三角形面积计算问题的一般方法和研究的一般路径,在探究过程中教师引导学生主动学习、深度学习、创新学习,这样的教学方式使得不同学生在数学上得到不同的发展,逐步形成适应终身发展需要的核心素养。

(二)学情分析

学生已掌握了二次函数的基本概念、图像、性质以及一元二次方程等知识,能在一些简单情境中应用三角形面积计算公式。然而,在二次函数背景下,三角形面积的计算需要学生具备更强的灵活应用能力。部分学生因为知识点掌握不熟练或综合运用能力不强而感到吃力,因缺乏解题经验或方法选择不当而导致解题困难。在进行割补计算时,通常会涉及较复杂的计算步骤和较大的计算量,这对于一些计算能力较弱的学生来说可能会构成一定的挑战。教师需要帮助学生获得二次函数背景下求动三角形面积的一般思路,通过掌握构造、割补动三角形面积的方法,会利用方程和函数思想,帮助学生深入理解并游刃有余解决的三角形面积问题。

(三)教学目标

(1)熟练掌握二次函数中定三角形面积的相关计算。
(2)会利用割补等方法求动三角形面积。
(3)通过对例题变式,一题多解,经历不同方法的比较,体会分类讨论、数形结合等数学思想。

(四)教学重点

(1)掌握求动点问题中三角形面积的方法。
(2)会利用函数解析式来解决面积问题。

(五)教学难点

掌握构造、割补动三角形面积的方法,会利用方程和函数思想来解决面积问题。

(六)教学过程

环节一:材料阅读,激活思维

如图,已知直线 $y = -x + 3$ 与 x 轴、y 轴分别交于点 B、C,抛物线 $y =$

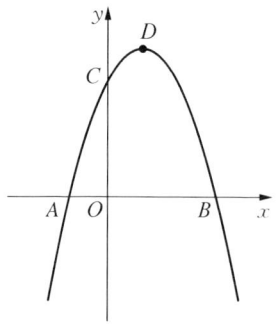

$-x^2+bx+c$ 经过点 B、C,点 A 是抛物线与 x 轴的另一个交点。(1)求抛物线的解析式;(2)若抛物线的顶点为 D,求 $\triangle BDC$ 的面积。

设计意图:由二次函数背景下求一个定三角形面积的习题引入,通过阅读环节,请学生边阅读边思考以下几个问题:求抛物线的一般方法有哪些?求抛物线顶点坐标的方法有哪些?如何求三角形的面积?你是否有其他方法?学生在探究解决这道题目的过程中,回顾复习求三角形面积的公式、方法等相关知识点,激活思维。

环节二:交流讨论,解决问题

小组讨论,选择最优方法完成在学习单上,并尝试总结求三角形面积的一般思维路径。

设计意图:学生通过思考求 $\triangle BDC$ 的面积的思维路径及小组讨论最优解法,经历不同方法的比较,体会分类讨论、数形结合等数学思想,熟练掌握二次函数中定三角形面积的相关计算。教师通过让学生独立思考,小组合作交流等方式,引导学生探讨问题解决的思路,尝试解决问题,教师巡视,及时了解学生的学习状况,及时解决学生在思考过程中出现的问题。

环节三:学生展示,教师点拨

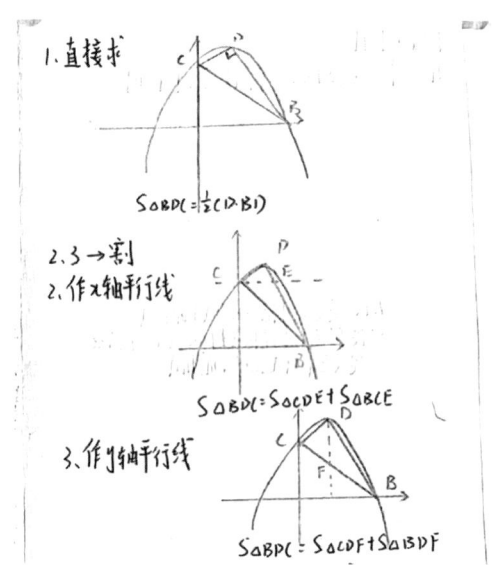

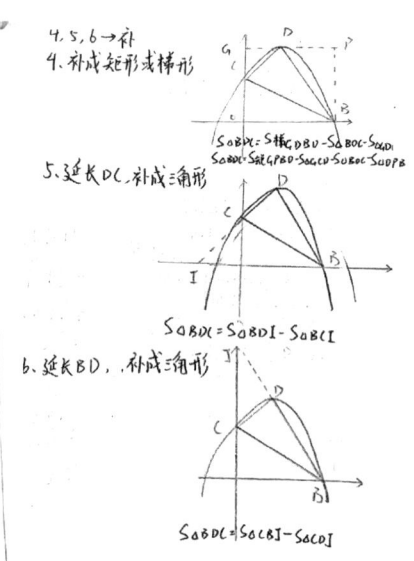

设计意图：在小组讨论的基础上开展班级交流，通过交流展示环节，学生比较直接求解，水平割、铅垂割或补成三角形、长方形等方法的优劣，引导学生自主总结求三角形面积问题的一般路径。课堂上各小组展示不同的解题方法，学生对不同的解题方法进行探讨分析，可以从不同角度、不同层次寻求分析问题和解决问题的方法，进一步培养了发散思维的能力。同时，通过小组合作完成作业，可以在与他人合作交流解决问题的过程中，严谨、准确地表达自己的观点，并能较好地理解他人的思考方法和结论。

环节四：细读过程，建立模型

变式1：如图，已知直线 $y = -x + 3$ 与 x 轴、y 轴分别交于点 B、点 C，抛物线 $y = -x^2 + bx + c$ 经过点 B、点 C，点 A 是抛物线与 x 轴的另一个交点，点 M 为抛物线上第一象限内一点，求 △MCB 面积的最大值。

设计意图：变式1从定点问题转为动点问题，动点问题是学生的一个难点，教师要引导学生借助总结的思维路径尝试求解。下图是课堂上学生求 △MCB 面积的各种方法，进行比较后学生自主总结出作铅垂线是本题的最佳方案，避免了分类讨论。学生在优化解题方法的同时提升了思维能力，回顾解题思路的探究过程，归纳总结解决此类问题的一般方法，完善思维路径，建立数学解题模型。思维路径帮助学生实现知识内化，激发学生思维的内驱力，实现本节课习题课教学的目标——会利用割、补等方法求动三角形面积。

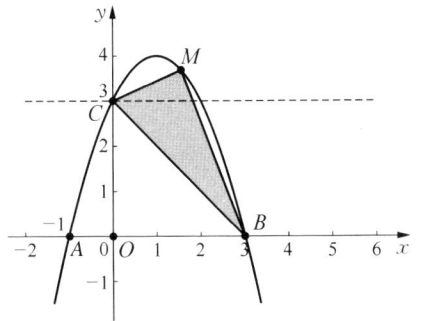
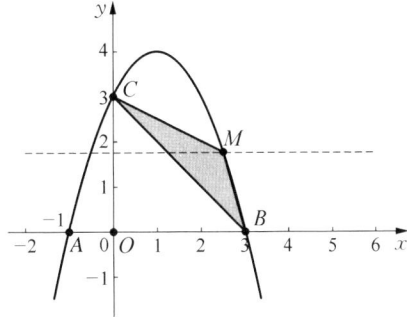

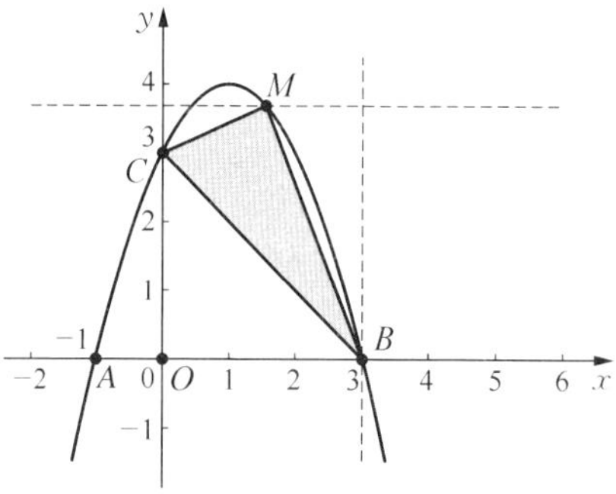

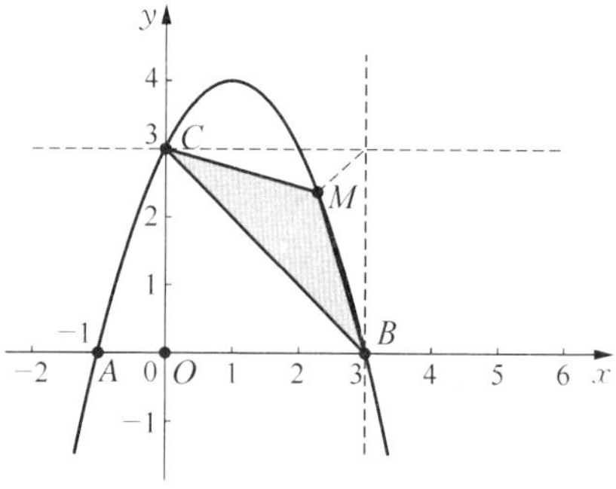

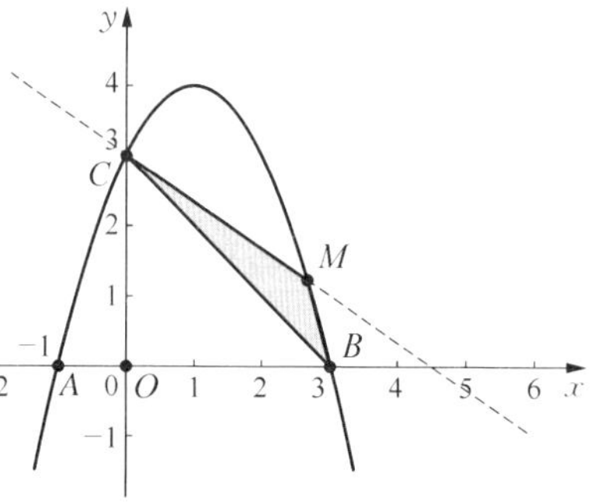

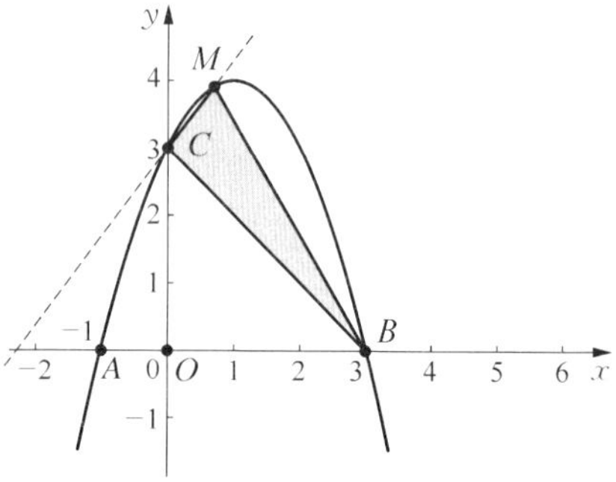

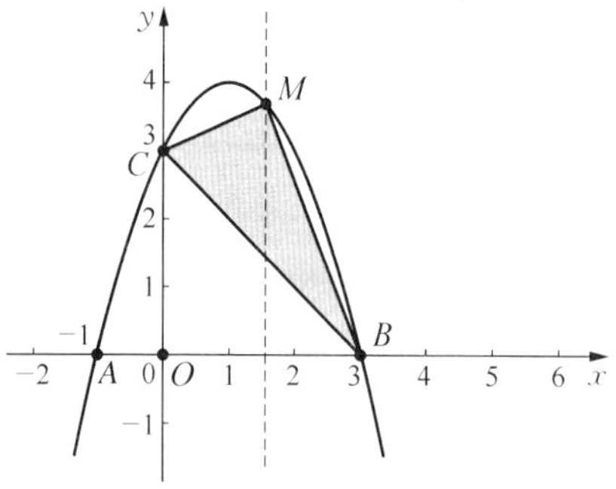

环节五：拓展训练，提高能力

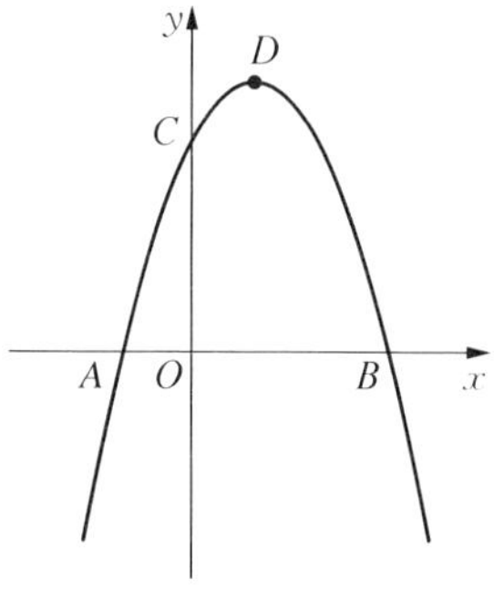

变式2：接变式1，抛物线上是否存在一点Q（点Q与点D不重合），使得$S_{\triangle QBC} = S_{\triangle DBC}$，若存在，求出点$Q$的坐标，若不存在说明理由。

设计意图：为了巩固方法的应用，拓展学生的思维，建立与其他知识点之间的链接，将动点问题推广到更为复杂的平面直角坐标系内的抛物线上，引导学生尝试解决二次函数中较复杂的三角形等面积问题。学生探究后发现等面积问题可转化为等高的问题，从而添出这条平行线，将这道综合题顺利解决。学生在利用思维路径图尝试解决综合性问题的过程中，发展了高阶思维能力，促进了深度学习，也进一步生成了新的"最近发展区"。

三、教学案例14：锐角三角比的几何计算

（一）教材分析

本节习题课是锐角三角比的几何计算，锐角三角比是初中数学中的重要内容，它主要研究直角三角形中锐角的正弦、余弦、正切、余切等三角函数的定义、性质及其计算方法。这部分内容不仅加深了学生对直角三角形边角关系的理解，也为后续学习三角函数、解直角三角形以及解决与直角三角形相关的实际问题打下了坚实的基础。利用代数表达式与几何图形相结合的意识和能力有效运用数形结合思想解决问题，锐角三角比几何计算的思考路径探究与应用，选择合适的方法作高构造直角三角形是本节课的难点。通过这节习题课希望帮助学生解决锐角三角比几何计算问题的一般方法和研究的一般路径：直角三角形直接求解，非直角三角形通过转角或者构造直角三角形求解，从而提高学生逻辑推理力，数学思维能力和解决问题的能力。

（二）学情分析

学生已经掌握了直角三角形的基本性质和相似三角形。部分学生难以直观理解角度与边长之间的对应关系；在二次函数背景下利用锐角三角比进行几何计算时，难以快速准确地判断并选择出最优的解题策略；由于图形可能较为复杂或抽象，难以准确构造和识别图形，缺乏将代数表达式与几何图形相结合的意识和能力，最终导致无法有效运用数形结合思想来解决问题。所以需要教师引导如何选择合适的方法作高构造直角三角形获得锐角三角比几何计算的一般思路，帮助学生提高解题策略和计算技巧。

（三）教学目标

（1）熟练掌握锐角三角比几何计算问题的思维路径，养成在做题过程中及时反思、调整、优化的学习习惯，提高解决综合问题的能力。

（2）体会方程、转化的数学思想，增强学好数学的信心，积累学习经验。

（四）教学重点

锐角三角比几何计算的思考路径探究与应用，选择合适的方法作高构造直角三角形。

（五）教学难点

锐角三角比与函数结合的几何计算。

（六）教学过程

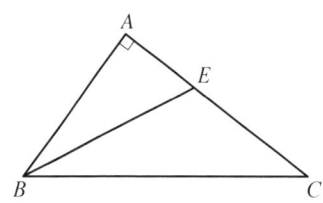

环节一：材料阅读，激活思维

如图，$\triangle ABC$ 中，$\angle BAC = 90°$，点 E 是线段 AC 上的一动点，$AB = 3$，$AC = 4$。

（1）当 $BE = EC$ 时，求 $\cos\angle EBC$ 的值；

（2）当 $\angle ABE = \angle C$ 时，求 $\cos\angle EBC$ 的值。

设计意图：由直角三角形中求锐角三角比的习题引入，通过阅读环节，请学生边阅读边思考以下几个问题：求锐角三角比的一般方法有哪些？本题你还有其他的解法吗？学生在探究解决这道题目的过程中，回顾复习求锐角三角比相关知识点，激活思维。

环节二：交流讨论，解决问题

（略）

设计意图：小组讨论，选择最优方法完成在学习单上，并尝试总结求锐角三角比的一般思维路径。学生通过思考求 $\tan\angle EBC$ 的思维路径及小组讨论最优解法，经历不同方法的比较，体会分类讨论、数形结合等数学思想。教师通过让学生独立思考、小组合作交流等方式，引导学生探讨问题解决的思路，熟练掌握锐角三角比几何计算问题的思维路径，养成做题过程中及时反思、调整、优化的学习习惯。

环节三：学生展示，教师点拨

设计意图：部分学生由于缺乏将代数表达式与几何图形相结合的意识和能力，导致无法有效运用数形结合思想来解决问题。学生在小组讨论的基础上开

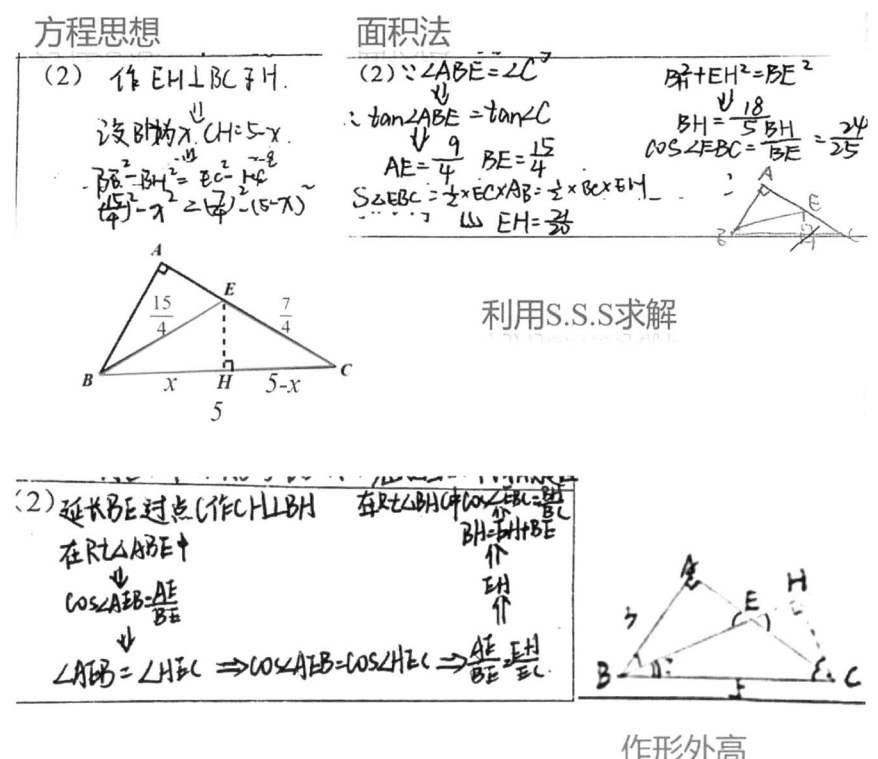

展班级交流，通过交流展示环节，比较作形内高和形外高等方法的优劣。教师引导学生自主总结求锐角三角比问题的一般路径，课堂上各小组展示不同的解题方法，学生对不同的解题方法进行探讨分析。学生可以从不同角度、不同层次寻求分析问题和解决问题的方法，进一步培养了发散思维能力。同时，通过小组合作完成作业，学生可以在与他人合作交流解决问题的过程中，严谨、准确地表达自己的观点，并能较好地理解他人的思考方法和结论。

环节四：细读过程，建立模型

当 E 在线段 AC 延长线上时，设 AE 的长度为 x，作出点 E 并用含 x 的代数式表示 $\tan\angle EBC$。

设计意图：该变式由三角形背景下锐角三角比问题转变为四边形背景下的锐角三角比问题，教师引导学生借助总结的思维路径尝试求解，提高解决综合问题的能力。教师通过总结启发那些

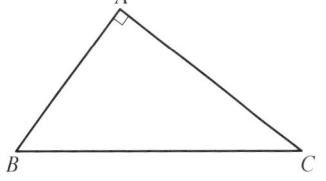

难以快速准确地判断并选择出最优的解题策略的学生，让学生在优化解题方法的同时提升思维，回顾解题思路的探究过程，归纳总结解决此类问题的一般方法，完善思维路径，建立数学解题模型：已知三边时一般作最长边上的高；已知边角边时，如果是锐角作形内高，如果是钝角一般作形外高。教师通过思维路径帮助学生实现知识内化，激发学生思维的内驱力，实现本节习题课教学的目标——熟练掌握锐角三角比几何计算问题的思维路径。

环节五：拓展训练，提高能力

（1）如图，在四边形 ABCD 中，∠BAC = ∠ADC = 90°，CD = 4，$\cos\angle ACD = \frac{4}{5}$。

联结 BD，交边 AC 于点 E，设 AB = x，用含 x 的代数式表示 tan∠ABD。

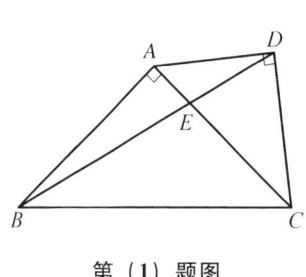

第（1）题图

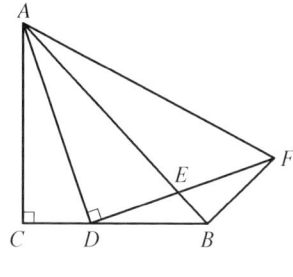

第（2）题图

（2）在等腰直角△ABC 中，∠C = 90°，AC = 4，点 D 为射线 CB 上一动点（点 D 不与点 B、点 C 重合），以 AD 为腰且在 AD 的右侧作等腰直角△ADF，∠ADF = 90°，射线 AB 与射线 FD 交于点 E，联结 BF。

如图所示，当点 D 在线段 CB 上时，

① 求证：△ACD ∽ △ABF；

② 设 CD = x，tan∠BFD = y，求 y 关于 x 的函数解析式，并写出 x 的取值范围。

设计意图：通过本节课的学习帮助学生获得锐角三角比几何计算的一般思路，帮助学生优化解题策略和计算技巧。为了巩固方法的应用，拓展学生的思维，建立与其他知识点之间的连接，引导学生尝试解决动点问题中锐角三角比的计算问题。在利用思维路径图尝试解决综合性问题的过程中，培养学生的图形分析能力和数形结合思想，引导他们将代数表达式与几何图形相结合来解决问题。

四、教学案例15：一类梯形中点问题的探究

（一）教材分析

本节课是梯形与三角形中位线综合应用的习题课，八年级几何证明中，梯形与三角形中位线综合应用是重要的教学内容，不仅涉及两个基本图形的性质定理，还要求学生能够灵活运用这些定理解决实际问题。通过这部分内容的学习，培养学生的空间想象能力和逻辑推理能力，提高学生的问题解决能力和数学应用能力，这些能力对于学生未来的学习和生活都具有重要意义。梯形和三角形中位线的综合应用还涉及与其他数学知识的联系，如平行线、全等三角形、相似三角形等，这种联系有助于学生构建完整的知识体系，提高数学素养。通过这一部分内容的学习，学生能够掌握添加此类辅助线的原则和方法，为后续的几何学习打下坚实的基础。通过这节习题课，学生可以学会解决这类问题的一般方法和研究的一般路径，以及在探究过程中学会图形变换的方法和转化的数学思想。

（二）学情分析

学生已学习了梯形和三角形的基本性质、中位线的定义和性质，具备一定的知识迁移能力和综合运用能力。在解决综合问题时，部分学生容易在使用三角形和梯形中位线的性质时出现混淆；由于空间想象能力不足而感到困难；由于逻辑推理能力欠缺而无法顺利解题。通过本节课的学习，教师需帮助学生获得解决梯形中点问题的一般思路：当条件为一边的中点时，通常构造中位线或中心对称的三角形，帮助学生深入理解三角形和梯形中位线性质，培养学生的逻辑思维、空间想象和问题解决能力。

（三）教学目标

（1）掌握三角形和梯形中位线的性质，能综合运用其解决较复杂的几何问题。

（2）经历说题的过程，提升数学表达能力和推理能力，体会分类、转化的数学思想方法。

（3）在探究问题的过程中，借助推理路径图展现思维过程，呈现一题多

思，实现思维可视化。

（四）教学重点

三角形和梯形中位线的综合运用。

（五）教学难点

添加合适的辅助线解决与中点有关的问题。

（六）教学过程

环节一：材料阅读，激活思维

如图，在梯形 $ABCD$ 中，$AD \parallel BC$，且 $AD < BC$，F 是 CD 的中点，$EF \parallel AB$，交 BC 于点 E。求证：$EC = \dfrac{1}{2}(BC - AD)$。

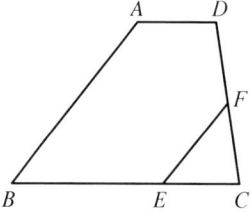 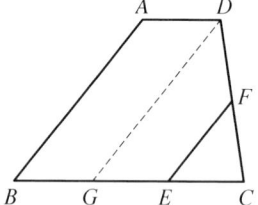

设计意图：由一道习题的说题引入，通过阅读环节，请学生边阅读题目边标注图形，阅读时思考问题：分析此题并准备说题，你准备如何说题？通过以上问题激活学生的思维，把思维聚焦到本节课需要解决问题的思考里来，正确理解题意，在这样的情境中开始本节课的思考，发现中点构造中位线的思维路径。

环节二：交流讨论，解决问题

分享你的解题思路，重点交流这道题的分析过程。

设计意图：学生通过交流讨论这道题的分析过程，理解本节课所要解决的问题：已知梯形一边上的中点如何添加辅助线构造基本图形。教师通过让学生独立思考，小组合作交流等方式，引导学生探讨问题解决的思路，尝试解决问题，教师巡视，了解学生的学习状况，及时解决学生在思考过程中出现的问题。

环节三：学生展示，教师点拨

方法一：在 BC 上取点 G，使得 $BG = AD$，联结 DG 从结果入手，构造 CG 等于 $BC - AD$，把这个问题转化为证明 $EC = \dfrac{1}{2}CG$，由于 F 是 CD 中点，所以想到使得 E 是 CG 中点。

方法二：取 AB 中点 H，联结 HF，从结果入手，这个等式和梯形的中位线定理在形式上十分相似，F 又是 CD 的中点，所以根据梯形中位线定理，$HF = \dfrac{1}{2}(AD + BC) = BE$，所以 $BC - CE = \dfrac{1}{2}AD + \dfrac{1}{2}BC$，可以得到 $CE = \dfrac{1}{2}BC - \dfrac{1}{2}AD$。

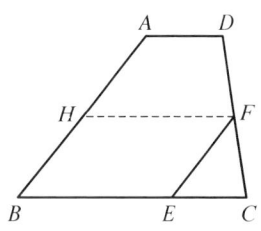

方法三：延长 EF、AD，交于点 M，仍然从结果入手，

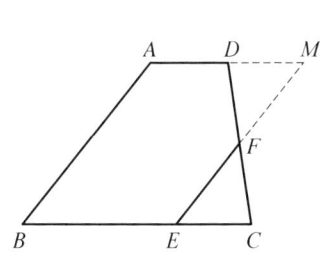

$$EC + AD = BC - EC = BE$$
$$\Downarrow$$
$$EC + EC = BC - AD$$
$$\Downarrow$$
$$2EC = BC - AD$$
$$\Downarrow$$
$$EC = \dfrac{1}{2}(BC - AD)$$

考虑到 F 是 CD 中点，所以想到将 $\triangle CEF$ 旋转 $180°$，使得 $CE = DM$，把这个问题转化为证明 $AM = BE$。

设计意图：在学生经历小组讨论的基础上开展班级交流，让学生回答：在梯形中，如果已知一条线段的中点，常常如何添加辅助线？在学生交流的过程中，教师针对学生的讲解，有针对性地进行点拨，对思考过程中的关键点进行重点落实。在一题多变时，抓住本质，注意不同背景下思想方法的一致性。整个环节引导学生表述思考过程，既培养了学生的表达能力，又培养了学生逻辑思维能力。

环节四：细读过程，建立模型

问题1：在梯形 $ABCD$ 中，$AD \parallel BC$，$AD < BC$，E、F 分别是 BD、AC 的中点。

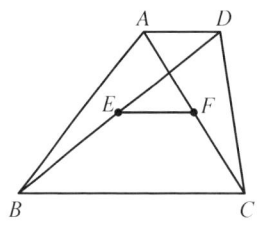

求证：$EF = \frac{1}{2}(BC - AD)$。

方法一：联结 DF 并延长，与 BC 交于点 M，从结果入手，构造 BC-AD 这条线段，利用 F 是中点，构造中心对称的两个三角形，改变 F 的性质，出现中位线，使得 $\frac{1}{2}$ 这个关系的出现。

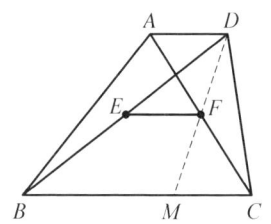

$\triangle ADF \cong \triangle CMF$
$\Downarrow$
F 是 DM 中点且 E 是 DB 中点
$\Downarrow$
$EF = \frac{1}{2}BM = \frac{1}{2}(BC - CM) = \frac{1}{2}(BC - AD)$

方法二：取 CD 中点 N，联结 FN、EN，证明三点共线。

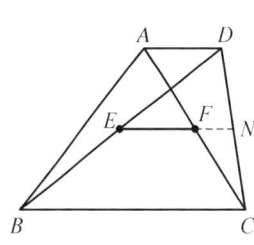

FN 是 △ACD 中位线　　EN 是 △DBC 中位线
$\Downarrow$　　　　　　　　$\Downarrow$
FN // AD　　　　　　EN // BC
$\Downarrow$
E、F、N 三点共线
$\Downarrow$
$EF = EN - FN = \frac{1}{2}BC - \frac{1}{2}AD$

问题2：在梯形 ABCD 中，AD // BC，AD < BC，E、F 分别是 AD、BC 的中点。请问 EF 与 AB、CD 之间有怎样的数量关系？并说明理由。

提示：$EF < \frac{1}{2}(AB + CD)$。元素集中化，把这三条线段集中到同一个三角形中。

设计意图：经过第三个环节，学生对开始的问题有了完整的解题思路，而对解题过程的完整表述，有利于培养学生的数学表达能力和逻辑思维能力。通过让学生独立完成以下问题：本节课主要研究了什么问题？解决这个问题的策略和方法是什么？引导学生仔细阅读自己的解题过程，回顾解题思路的探究过程，归纳总结解决此类问题的一般方法，建立数学解题模型，实现本节习题课教学的目

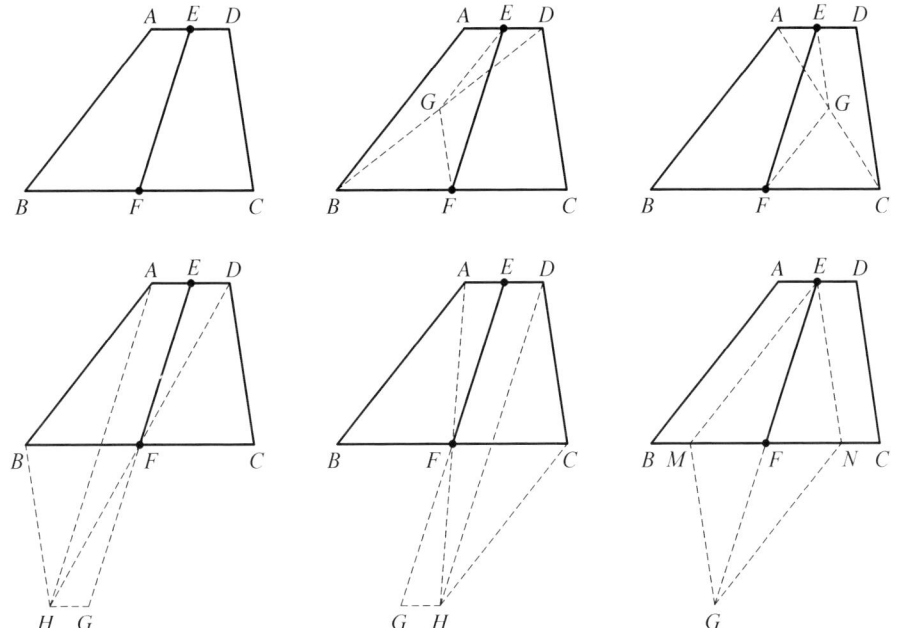

标——掌握三角形和梯形中位线的性质,能综合运用其解决较复杂的几何问题。

环节五:拓展训练,提高能力

在梯形 ABCD 中,AD ∥ BC, AD < BC, E、F 分别是 AD、BC 的中点。请添加一个条件,使得 EF 与 AB、CD 之间存在等量关系,并证明它。

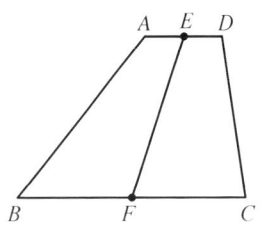

设计意图:基于对梯形中点问题解决方法的归纳总结,得出解决此类问题的一般方法——利用中点,构造中位线或中心对称的三角形。为了巩固方法的应用,拓展学生的思维,建立与其他知识点之间的连接,教师提供思考题,让学生能够学以致用并让学生体会这个思维路径可以迁移到其他一般的四边形的中点问题并尝试多种解法,在题目的难度上体现层次性,让不同层次的学生都有体验、都有收获。

五、教学案例 16:平面直角坐标系中平行四边形的存在性问题探究

(一)教材分析

本节课的主要内容是平面直角坐标系中平行四边形存在性问题,是一个动点问题。动点问题与平行四边形相结合不仅涉及的知识点多,而且将几何和代数

知识紧密结合起来。八年级几何证明中，它是一个融合了代数与几何知识的重要内容，重点考察学生分析问题、解决问题的能力，包括空间观念、应用意识、推理能力等。通过这个内容的学习，学生将进一步理解平行四边形的基本性质。在平面直角坐标系中，这些性质可以转化为坐标关系，进一步强化分类讨论思想。同时，也会强调方程思想的渗透，大多数动点问题到最后都转化为方程形式，然后利用方程来求解。对于培养学生的思维能力和解题能力具有重要意义。通过这一部分内容的学习，掌握解决这类问题的一般方法和研究的一般路径，学会已知平行四边形三个顶点求另外一个顶点的方法，为后续的几何学习打下坚实的基础，在探究过程中学会分类讨论、数形结合等数学思想，可以提高综合素质。

（二）学情分析

学生已学习了平行四边形的基本性质、平面直角坐标系相关知识，部分学生存在动态问题的理解、分类讨论的应用、代数方程的求解等方面的障碍，所以平行四边形的顶点的存在性的分类标准以及求第四个顶点坐标的具体方法是本节课的难点。教师需要引导学生思考如何求平行四边形的第四个顶点坐标，并获得解决问题的一般思路，帮助学生深入理解平行四边形的性质，理解和运用利用坐标表示点、线段和图形的位置关系，增强代数运算能力，为后续学习更复杂的数学综合打下基础。

（三）教学目标

（1）能综合运用平行四边形性质定理和判定定理解决平行四边形存在性"三定一动"的问题。

（2）经历在图形的变化过程中求平行四边形的顶点坐标的探索过程，形成分类讨论、数形结合的思想。

（四）教学重点

学会运用平行四边形性质定理和判定定理解决求平行四边形顶点坐标的计算问题。

（五）教学难点

平行四边形顶点存在性的分类标准及求第四个顶点坐标的具体方法。

（六）教学过程

环节一：材料阅读，激活思维

如图，在平面直角坐标系内已知 $A(-1,0)$，$B(1,2)$，$C(3,1)$，若以 A、B、C、D 为顶点的四边形是平行四边形，求点 D 的坐标。

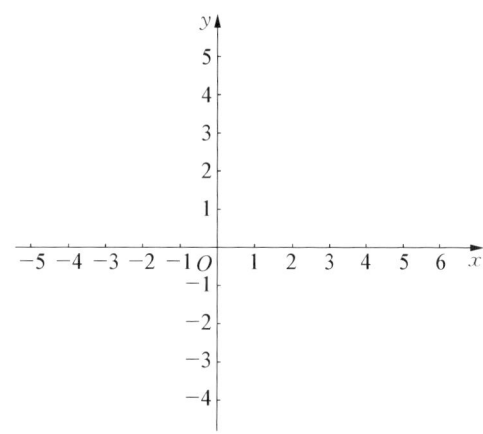

设计意图：由一道平行四边形中已知三个确定的点求第四个顶点坐标的习题引入，通过阅读环节，请学生边阅读题目边作图。阅读时思考以下几个问题：已知三个顶点如何画出平行四边形的第四个顶点？我们可以用什么方法求第四个顶点的坐标？通过以上问题激活学生的思维，把思维聚焦到本节课需要解决的问题的思考里，正确理解题意，在这样的情境中开始本节课的思考，发现利用平行四边形对角线互相平分这个性质确定第四个顶点的位置最方便等。

环节二：交流讨论，解决问题

各组交流讨论，每组用两种以上的方法求平行四边形的第四个顶点，并挑选其中一种解法，进行课堂交流准备。

设计意图：学生通过阅读题目，作图，思考，每组用两种以上的方法求平行四边形的第四个顶点，并挑选其中一种解法进行课堂交流准备。教师通过让学生独立思考、小组合作交流等方式，引导学生探讨问题解决的思路，尝试解决问题，教师巡视，了解学生的学习状况，及时解决学生在思考过程中出现的问题。

环节三：学生展示，教师点拨

方法一：

解：设 $D(x,y)$

∵ $A(-1,0)$，$B(1,2)$，$C(3,1)$，$D(x,y)$

∴ $AD = \sqrt{(-1-x)^2 + y^2}$

$BD = \sqrt{(1-x)^2 + (2-y)^2}$

$AC = \sqrt{(-1-3)^2 + 1^2} = \sqrt{4^2 + 1} = \sqrt{17}$

$BC = \sqrt{(1-3)^2 + (2-1)^2} = \sqrt{2^2 + 1^2} = \sqrt{5}$

$AB = \sqrt{(-1-1)^2 + 2^2} = \sqrt{4+4} = \sqrt{8}$

$CD = \sqrt{(3-x)^2 + (1-y)^2}$

1° $BD = AC$，$AD = BC$

$$\begin{cases} \sqrt{(1-x)^2 + (2-y)^2} = \sqrt{17} \\ \sqrt{(-1-x)^2 + y^2} = \sqrt{5} \end{cases}$$

∴ 解得 $\begin{cases} x_1 = -3, \\ y_1 = 1 \end{cases}$，$\begin{cases} x_2 = 0 \\ y_2 = -2 \end{cases}$（舍）

∴ $D_1(-3, 1)$

2° $BD = AC$，$AB = CD$

$$\begin{cases} \sqrt{(1-x)^2 + (2-y)^2} = \sqrt{17} \\ \sqrt{(3-x)^2 + (1-y)^2} = \sqrt{8} \end{cases}$$

∴ 解得 $\begin{cases} x_1 = \dfrac{13}{5} \\ y_1 = -\dfrac{9}{5} \end{cases}$（舍），$\begin{cases} x_2 = 5 \\ y_2 = 3 \end{cases}$

∴ $D_2(5, 3)$

3° $AD = BC$，$AB = CD$

$$\begin{cases} \sqrt{(-1-x)^2 + y^2} = \sqrt{5} \\ \sqrt{(3-x)^2 + (1-y)^2} = \sqrt{8} \end{cases}$$

∴ 解得 $\begin{cases} x_1 = \dfrac{5}{17} \\ y_1 = \dfrac{31}{17} \end{cases}$（舍），$\begin{cases} x_2 = 1 \\ y_2 = -1 \end{cases}$

∴ $D_3(1, -1)$

∴ 综上所述，$D_1(-3, 1)$，$D_2(5, 3)$，$D_3(1, -1)$。

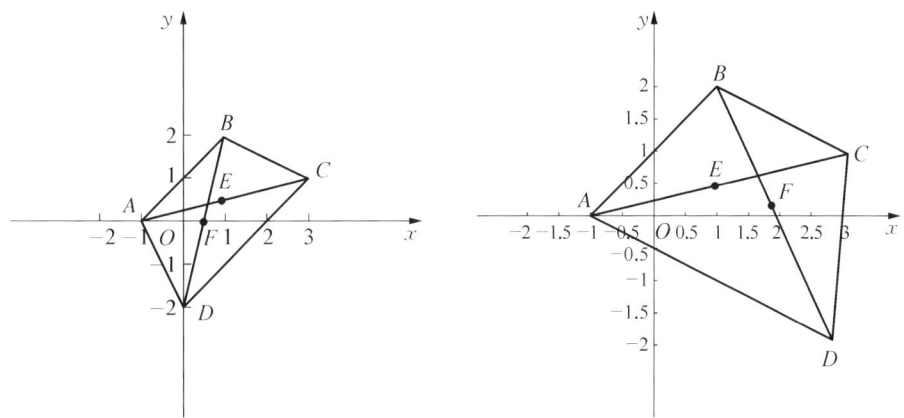

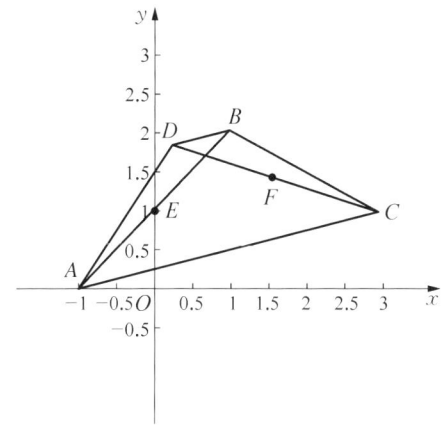

方法二：

设 $D(a, b)$

∵ $A(-1, 0)$, $B(1, 2)$, $C(3, 1)$

（1）AC 为对角线　　　（2）BC 为对角线　　　（3）AB 为对角线

$\begin{cases} 1+a=-1+3 \\ 2+b=1+0 \end{cases}$　　　$\begin{cases} -1+a=1+3 \\ 0+b=2+1 \end{cases}$　　　$\begin{cases} 3+a=1-1 \\ 1+b=2+0 \end{cases}$

解得 $\begin{cases} a=1 \\ b=-1 \end{cases}$　　　解得：$\begin{cases} a=5 \\ b=3 \end{cases}$　　　解得：$\begin{cases} a=-3 \\ b=1 \end{cases}$

∴ $D_1(1, -1)$　　　　　∴ $D_2(5, 3)$　　　　　∴ $D_3(-3, 1)$

∴ 综上所述：$D_1(1, -1)$, $D_2(5, 3)$, $D_3(-3, 1)$

方法三：

解：过点 A、B、C 作 BC、AC、AB 的平行线，分别交于点 D_1、D_2、D_3。

设 AB 的函数解析式为 $y_{AB} = k_1 x + b_1 (k_1 \neq 0)$

BC 的函数解析式为 $y_{BC} = k_2 x + b_2 (k_2 \neq 0)$

AC 的函数解析式为 $y_{AC} = k_3 x + b_3 (k_3 \neq 0)$。

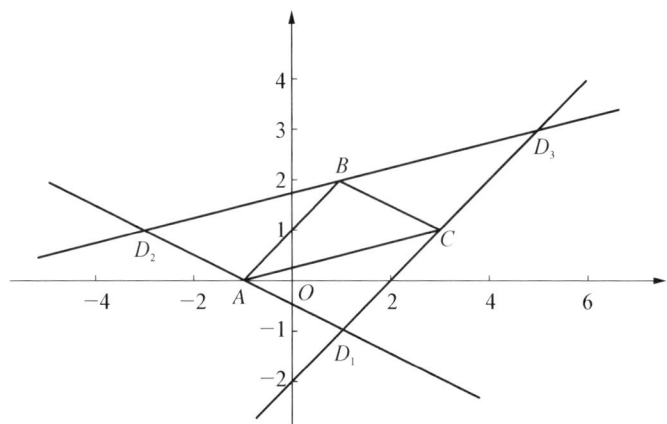

把 $A(-1, 0)$，$B(1, 2)$，$C(3, 1)$ 代入

$\begin{cases} -k_1 + b_1 = 0 \\ k_1 + b_1 = 2 \end{cases}$, $\begin{cases} k_2 + b_2 = 2 \\ 3k_2 + b_2 = 1 \end{cases}$, $\begin{cases} -k_3 + b_3 = 0 \\ 3k_3 + b_3 = 1 \end{cases}$

解得 $\begin{cases} k_1 = 1 \\ b_1 = 1 \end{cases}$, $\begin{cases} k_2 = -\dfrac{1}{2} \\ b_2 = \dfrac{5}{2} \end{cases}$, $\begin{cases} k_3 = \dfrac{1}{4} \\ b_3 = \dfrac{1}{4} \end{cases}$。

$\therefore y_{AB} = x + 1$

$y_{BC} = -\dfrac{1}{2} x + \dfrac{5}{2}$

$y_{AC} = \dfrac{1}{4} x + \dfrac{1}{4}$

平行四边形①

$\because$ 四边形 $ABCD_1$ 为平行四边形

$\therefore$ ①以 AC 为对角线

$AD_1 \parallel BC$，$CD_1 \parallel AB$

∴ 设 AD_1 函数解析式为 $y_{AD_1} = -\frac{1}{2}x + b_4$

设 CD_1 函数解析式为 $y_{CD_1} = x + b_5$

把 $A(-1, 0)$，$C(3, 1)$ 代入

$-\frac{1}{2} \times (-1) + b_4 = 0$，$3 + b_5 = 1$

$b_4 = -\frac{1}{2}$，$b_5 = -2$

∴ $y_{AD_1} = -\frac{1}{2}x - \frac{1}{2}$

$y_{CD_1} = x - 2$

∵ AD_1 与 CD_1 交于点 D_1

∴ $\begin{cases} y = -\frac{1}{2}x - \frac{1}{2} \\ y = x - 2 \end{cases}$

解得

$\begin{cases} x = 1 \\ y = -1 \end{cases}$

∴ $D_1(1, -1)$

平行四边形②

∵ 四边形 $ACBD_2$ 为平行四边形

∴ ②以 AB 为对角线

$AD_2 \parallel BC$，$BD_2 \parallel AC$

∴ 设 AD_2 函数解析式为 $y_{AD_2} = -\frac{1}{2}x + b_6$

设 BD_2 函数解析式为 $y_{BD_2} = \frac{1}{4}x + b_7$

把 $A(-1, 0)$，$B(1, 2)$ 代入

$-\frac{1}{2} \times (-1) + b_6 = 0$，$\frac{1}{4} \times 1 + b_7 = 2$

$b_6 = -\frac{1}{2}$，$b_7 = \frac{7}{4}$

$\therefore y_{AD_2} = -\dfrac{1}{2}x - \dfrac{1}{2}$

$y_{BD_2} = \dfrac{1}{4}x + \dfrac{7}{4}$

$\because BD_2$ 与 AD_2 交于点 D_2

$\therefore \begin{cases} y = \dfrac{1}{4}x + \dfrac{7}{4} \\ y = -\dfrac{1}{2}x - \dfrac{1}{2} \end{cases}$

解得

$\begin{cases} x = -3 \\ y = 1 \end{cases}$

$\therefore D_2(-3, 1)$

平行四边形③

$\because$ 四边形 ABD_3C 为平行四边形

$\therefore$ ③以 BC 为对角线

$BD_3 \parallel AC$, $CD_3 \parallel AB$

$\therefore$ 设 BD_3 的函数解析式为 $y_{BD_3} = 1/4x + b_8$

CD_3 的函数解析式为 $y_{CD_3} = x + b_9$

把 $B(1, 2)$, $C(3, 1)$ 代入

$1/4 \times 1 + b_9 = 2$, $3 + b_9 = 1$

$b_9 = \dfrac{7}{4}$, $b_9 = -2$

$\therefore y_{BD_3} = \dfrac{1}{4}x + \dfrac{7}{4}$

$y_{CD_3} = x - 2$

$\because BD_3$ 与 CD_3 交于点 D_3

$\therefore \begin{cases} y = \dfrac{1}{4}x + \dfrac{7}{4} \\ y = x - 2 \end{cases}$

解得 $\begin{cases} x = 5 \\ y = 3 \end{cases}$

$\therefore D_3(5, 3)$

∴ 点 D 的坐标为 (1, -1) 或 (-3, 1) 或 (5, 3)

设计意图：在小组讨论的基础上开展班级交流，让学生回答：已知三个顶点，求平行四边形的第四个顶点，解题的一般步骤是什么？请把你们的解题路径写在学习单上并尝试解决。在学生交流的过程中，教师对学生的讲解，有针对性地进行点拨，对思考过程中的关键点进行重点落实。在一题多变时，抓住本质，注意不同背景下思想方法的一致性，了解数学的多样性及数学方法的灵活性。整个环节引导学生表述思考过程，既培养了学生的表达能力，又培养了学生逻辑思维能力。

环节四：细读过程，建立模型

如图，在平面直角坐标系 xOy 中，已知一次函数 $y = -2x + 4$ 的图像与 x 轴相交于点 A，与 y 轴相交于点 B。

(1) 求点 A 和点 B 的坐标；

(2) 点 O 为坐标原点，直线 l 经过点 O 且平行于直线 AB，点 D 在第二象限，$OD = \frac{1}{2}AB$，求点 D 的坐标；

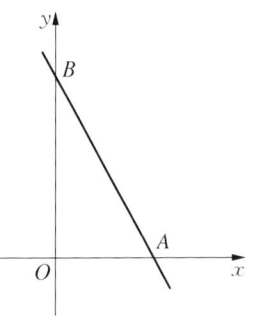

(3) 在 (2) 的条件下，点 P 为平面直角坐标系中一点，以 B、D、A、P 为顶点的四边形是平行四边形，请直接写出所有满足条件的 P 点坐标。

设计意图：经过第三个环节，学生对开始的问题有了完整的解题过程，而对解题过程的完整表述，有利于培养学生的数学表达能力和逻辑思维能力。教师引导学生仔细阅读自己的解题过程，回顾解题思路的探究过程，归纳总结解决此类"三定一动"问题的一般方法：第一，作图。第二，按照对角线进行分类。第三，巧算坐标，建立数学解题模型。进而突破几何问题中动点问题与平行四边形相结合的问题这个难点，实现本节习题课教学的目标——能综合运用平行四边形性质定理和判定定理解决平行四边形存在性"三定一动"的问题。

环节五：拓展训练，提高能力

若组成平行四边形的两个顶点固定，另外两个顶点限制了条件，如何求另外一个或两个顶点的坐标？

拓展练习：如图，平面直角坐标系中，直线 $y = kx + b$ 经过点 A (2, 0)、

$D(0,1)$，点 B 是第一象限的点且 $AB = \sqrt{5}$，过点 B 作 $BC \perp y$ 轴，垂足为 C，$CB = 1$。

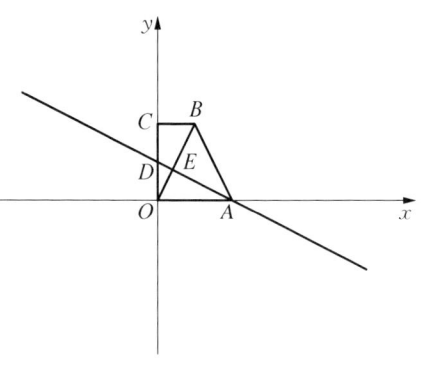

（1）求直线 $y = kx + b$ 的解析式和点 B 的坐标；

（2）若点 M 是直线 AD 上的一个动点，在 x 轴上是否存在另一个点 N，且以 O、B、M、N 为顶点的四边形是平行四边形，若存在，请直接写出点 N 的坐标，不存在，请说明理由。

设计意图：基于对平行四边形"三定一动"问题解决方法的归纳总结，得出解决此类问题的一般方法，为了巩固方法的应用，开拓学生的思维，建立与其他知识点之间的连接，教师提供思考题，以坐标系为背景呈现平行四边形的两个定点，另外两个动点限制了条件，求顶点坐标，由"三定一动"到"两定两动"，回顾解决问题的思考过程，反思解决问题的方法和结论，形成批判性思维和创新意识，培养高阶思维方式。

第六章 数学复习课阅读教学实践案例与评析

第一节 对数学复习课的认识

一、对数学复习课的认识

数学复习课是学生学习过程中的重要环节，不仅是对已学知识的回顾和巩固，更是对知识的深化理解和灵活运用。在数学复习课中，明确的目标、系统的知识梳理、重点难点的突破、多样化的题型训练、错题反思总结以及灵活的复习方法都是至关重要的。数学复习课的教学目的在于帮助学生形成"两张网络"——"知识结构网络"和"解题方法网络"。通过复习巩固梳理已学知识、技能，促进知识的系统化，加深对所学知识的结构性理解和本质性认识，发展学生的思维能力，促进学生头脑中形成"知识结构网络"和"解题方法网络"。复习课与新授课及习题课的最大区别主要表现在所教学的内容形式及方法上。新授课的内容目标较集中，往往只需要掌握一个或几个知识点；习题课是将某一个知识点或一部分所学的知识转化成技能和技巧；复习课则是以所学的知识点进行系统的整理，把复习前孤立、分散、无序、认识模糊的概念、原理、公式及解题思路，以再现、整理、归纳等方法串成线、连成片、结成网，使其纵横沟通，形成条理化、系统化的知识网络、知识框架。这也是对已学知识查缺补漏，让学生从数学的复习中获得乐趣，从整体上理解和掌握知识间的内在联系，促进学生对知识的重新消化便于理解和应用。总之，在进行复习课教学时，教师应以巩固梳理已学的知识、技能为主要任务，精心设计练习，注重练习的有效性，培养学生思维的灵活性和创造性，把复习的主动权交给学生，让学生积极主动地参与复习的全过程，在过程中体会数学知识的本质，感悟其中的数学思想与方法，这样就一定能够取得良好的教学实效。对数学复习课，由于复习的内容不同，教学策略也各不相同，因此重点落实的数学核心素养也不同，教师要根据不同的复习内容，培养学生相关的数学核心素养。

二、数学复习课教学中的关注点

一是复习目标明确。复习目标明确是数学复习课的首要条件，在开始复习之前，教师应当帮助学生明确本次复习课的目标，让学生知道自己在复习过程中应该达到什么样的学习效果。这样的目标设置不仅有助于学生的自主学习，也能使教师在复习过程中更有针对性地进行教学。

二是系统知识梳理。数学是一门系统性很强的学科，各知识点之间有着紧密的联系。在复习课中，教师应当帮助学生进行系统性的知识梳理，让学生能够更好地理解数学知识之间的逻辑关系，从而更好地掌握数学基础知识。

三是重点难点突破。在复习过程中，往往存在一些重点和难点知识，这些知识是学生在学习中容易混淆或者难以掌握的。在复习课中，教师应当对这些重点、难点进行突破，通过详细的讲解和示例，让学生更好地理解和掌握这些知识点。

四是题型训练多样。数学复习课不仅仅是知识的回顾，更是解题能力的训练。在复习课中，教师应当提供多样化的题型训练，让学生能够在不同的题目中运用所学知识，从而提高解题能力和思维能力。同时，多样化的题型训练也能让学生更好地适应考试环境，提高考试成绩。

五是错题反思总结。在复习过程中，学生难免会出现错误，这些错误是学生学习过程中的宝贵财富，通过反思和总结，学生可以更好地发现自己的不足之处，从而有针对性地进行改进。在复习课中，教师应当引导学生对错题进行反思和总结，让学生明白自己的错误原因，并找到正确的解题方法。

六是复习方法灵活。复习方法的选择对于复习效果有着重要影响，在复习课中，教师应当采用灵活多样的复习方法，如讨论式、提问式、讲解式等，让学生在不同的复习方式中更好地理解和掌握知识。同时，教师也应当鼓励学生采用适合自己的复习方法，如制作思维导图、整理错题集等，从而提高复习效果。

总之，数学复习课是学生学习过程中的重要环节，通过明确的目标、系统的知识梳理、重点难点的突破、多样化的题型训练、错题反思总结以及灵活的复习方法，学生能够更好地巩固和深化所学知识，提高解题能力和思维能力，为未来的学习打下坚实的基础。

第二节　数学复习课阅读教学的功能

阅读不仅仅局限于文科类学科，其在数学学习中，也发挥着不可或缺的功能与价值。特别是在深化理解数学概念、拓宽解题思路、提高自学能力、激发学习兴趣、促进思维发展、增强记忆力以及提高应试能力等方面，数学阅读显得尤为重要。

一、深化理解概念，拓宽解题思路

数学复习课中，阅读能够帮助学生深化对数学概念的理解。通过阅读教材、参考书籍或教师的讲解内容，学生能够反复思考和消化所学的知识点，进一步明确数学概念的内涵和外延。这样不仅能加深对知识点的印象，还能更好地运用所学知识解决实际问题。阅读是拓宽解题思路的有效途径。在数学复习课中，学生通过阅读不同类型的题目和解题方法，能够了解到不同的解题技巧和思路。这些方法和思路能够为学生提供新的解题视角，帮助他们更好地应对各种数学问题。

二、提高自学能力，激发学习兴趣

数学复习课中的阅读能够提高学生的自学能力。通过阅读，学生能够自主获取数学知识，掌握学习方法和技巧。这种自学能力不仅有助于学生在数学学习中取得更好的成绩，还能为他们未来的学习和生活打下坚实的基础。阅读能够激发学生对数学学习的兴趣。有趣的数学故事、生动的案例和富有挑战性的数学问题能够吸引学生的注意力，激发他们的好奇心和求知欲。在阅读过程中，学生能够感受到数学的魅力和价值，从而更加热爱数学学习。

三、促进思维发展，增强记忆力

数学复习课中的阅读对于促进学生的思维发展具有重要作用。阅读需要学生进行深入思考和理解，这有助于培养他们的逻辑思维能力、推理能力和解决问题的能力。通过不断地阅读和思考，学生的思维能力能够得到有效提高。阅读能够帮助学生增强记忆力。通过反复阅读数学知识点和解题方法，学生能够将这些信息存储在大脑中，并在需要时迅速回忆和运用。这种记忆力的增强不仅能够帮助学生更好地掌握数学知识，还能让他们在考试中的表现更好。

四、掌握解题策略，提高应试能力

数学复习课中的阅读还能够提高学生的应试能力。通过阅读各种题目和解题方法，学生能够了解到不同题型的出题规律和解题技巧，从而更好地应对各种数学考试。同时，阅读还能帮助学生掌握时间管理和心理调适等应试技巧，让他们更从容地应对考试。

综上所述，数学复习课中的阅读具有多方面的功能和价值。因此，在数学复习课过程中，教师应当重视阅读的作用，引导学生通过阅读来深化理解、拓宽思路、提高自学能力、激发兴趣、促进思维发展、增强记忆力并提高应试能力。同时，学生也应养成自主阅读的习惯，通过阅读来不断提升自己的数学素养和综合能力。

第三节 数学复习课阅读教学的流程与原则

一、数学复习课阅读教学的基本流程及基本环节

（一）基本流程

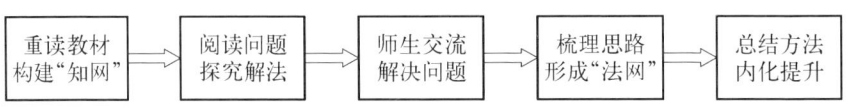

重读教材构建"知网" → 阅读问题探究解法 → 师生交流解决问题 → 梳理思路形成"法网" → 总结方法内化提升

（二）基本环节

环节一：重读教材，构建"知网"。数学复习课的教学目标是构建知识网络，使知识体现整体性、结构化，因此数学复习课第一个环节就是引导学生重新阅读教材，构建知识网络。虽然知识点都学过，但教学时是单个知识点开展教学，复习课再一次阅读教材，希望将知识点连点成线，并且让学生在自主阅读教材的基础上，自我构建知识网络。

环节二：阅读问题，探究解法。在构建知识网络的基础上引导学生解决数学问题，教师提供材料，提出需要解决的数学问题，引导学生仔细阅读，正确理解题意，明确问题的条件与结论，寻求解决问题的方法。可以采用不同的组织形式，如独立思考、合作学习等方式，引导学生对问题进行探究。

环节三：师生交流，解决问题。在环节二的基础上，学生经过探究思考，基本上有了一定的解题思路，这时，教师组织开展师生交流活动。基于教师巡视的情况，由学生代表交流自己对问题的认识、对问题的思考过程及解决问题的策略，最后形成完整的问题解决链条，并且将解题过程完整地表述。

环节四：梳理思路，形成"法网"。数学复习课的目的不仅仅是构建知识网络，而且需要通过对解题方法的总结，构建解题方法网络，建立不同解题方法之间的关联。通过引导学生回顾解题思路，从一题多解、一题多变、多解归一的角度，引导学生将不同的解题方法建立联系，打破解题方法的边界，促进学生解题方法网络的自我构建。

环节五：总结方法，内化提升。作为数学复习课的课堂小结，关注两条线索：一条明线，即知识网络和方法网络；一条暗线，即学生经历过程的体验和感悟，包括两张网络的构建过程、解题思路的探究过程、解题方法的总结过程。在课堂小结时，让学生自我体验、自我感悟，有利于学生对数学知识的深度理解。

二、数学复习课阅读教学的原则

在数学复习课中开展阅读教学，对构建数学知识网络与数学解题方法网络具有积极作用，在具体实施过程中，应当遵循如下几条原则。

（一）系统性原则

复习课是使学生进一步理解、掌握、巩固和运用所学知识的系统化过程，其目的是巩固、梳理已学的知识，引导学生把各知识点分类整理，形成知识网络，构建完整的知识体系，熟练掌握基础知识和基本技能，起到查漏补缺的效果，进一步发展学生的综合能力。由于数学复习课教学时间跨度广和容量较大的特点，学生不仅因为时间间隔长而容易产生知识遗忘现象，而且还因知识点多、涉及面广而容易形成知识散沙现象，因此回顾与整理是学生形成知识网络的重要环节，这一环节的教学必须务实，通过教学使学生将平时学习中掌握得不熟练或理解比较含糊的知识清晰化。由于平时的教学都是单个知识点的教学，没有从整体结构上理解数学知识之间的联系，缺乏知识的整体性和系统性，因此在复习课中，必须引导学生站在高处，俯视所学知识点，看清知识的来龙去脉。

如函数知识的复习，可以理出一条清晰的脉络：函数的概念—简单函数的研究（正比例函数、反比例函数、一次函数、二次函数等）—函数一般性质的研究（单调性、奇偶性、最值、图像等）—幂函数、指数函数、对数函数的研究—三角函数研究—数列研究（特殊函数）。

复习过程体现了"实践—认识—再实践—再认识"螺旋式上升的过程，"立体几何""解析几何"的复习也是如此。这样，知识系统就能够建立，此时学生头脑中就不会是零零散散的孤立的知识点，而是形成知识块，有利于知识结构的优化。

有些教师在数学复习课中，往往先进行一大段的内容讲解，好比是压缩饼干式的新授课，把前阶段的教学内容电影似的回放一遍，结果是教师讲得累，学生听得晕。其实复习课不是简单的知识重复，而是应当注重给学生提供复习的空间，充分发挥学生的自主性，突出学生的主体地位，不断完善自身的知识结构，让学生积极、主动参与复习的全过程。

（二）连通性原则

由于数学知识之间的相关性，不同知识块之间存在着各种联系，因此在将所学的有关知识进行归纳、整理时，必须考虑知识的横向与纵向的联系，使之"竖成线""横成片"，进行系统地整合，形成结构化的知识，促使学生形成清晰的知识网络。

例题教学是数学复习课中必需的环节，对于如何精选例题，首先要根据复习的内容精选，例题涉及的知识点要尽量覆盖复习的内容，要选择能体现最基本的数学思想方法的题目，要注意知识的内在联系；题目要新，但不必追求偏、怪、难；不要贪多，不能指望一节课解决所有的问题。其次要考虑本班的学情，所选的题目应有不同的层次与梯度，使基础好的学生能解高难度题，基础差的学生能解低难度题、争取中难度题，将知识发生发展的规律与学生的认识规律有机结合起来，使教学目标指向每个学生的"最近发展区"。另外，选题要全面，要紧扣课标和考试说明，突出"四基"：选题要有针对性，针对重点难点、针对学生的易错易混点；发挥教材习题的功能，一题多用，加强变式训练；有计划地渗透综合题，提高综合解题能力；题目不应千篇一律，要有一定的变化，有灵活性，从而达到复习课的目标。

（三）增值性原则

复习课的目的是教学的增值，并且能够让每一位学生在原有基础上都能够有所提高。俗话说："凡事预则立，不预则废。"

一是必须为数学复习课制定适切的教学目标，如果复习课不确立目标，不进行科学规划、合理安排，不去吃透新课程标准精神，不去研究学生的学习方式，不去关注学生的学习效果……，这种只顾"低头拉车，不顾抬头看路"式的复习课，肯定是耗时多、效果差，将直接导致教师教得辛苦，学生学得痛苦。美国教育心理学家奥苏贝尔曾说过，影响学习的最主要原因是学生已经知道了什么，应当根据学生原有的知识状况去进行教学。

二是必须了解学生的学习情况。为此教师在复习课前首先应当收集和了解学生的具体实际情况，再将前面所学的知识综合整理，系统归类，纵横沟通，找出知识的重点、难点和学生易错易混之处。同时要对学生掌握知识的实际情况，进行切实的估计，包括学生已经掌握了哪些内容，哪些内容还没掌握，掌握的程度如何，是否形成了能力等。将结果进行整理分析，从而确定哪些知识可以一带而过，哪些知识需要重点复习。结合本节课的内容精心设计出符合学生学习的教学方案，从而使复习课具有针对性、系统性、全面性，提高复习的效率。复习课要达到教学增值的目的，既要做到对前面知识的巩固梳理，又要兼顾班级各个层次的学生。让学习能力强的同学能进一步拔高的同时，也照顾到后进生，让他们也能听懂，有所思、有所获，这就要求教师对例题的设计要有精心的准备。教学中应该更注重考虑如何去选好例题，如何从基础出发，层层深入，要有一番思考，一番琢磨……整个过程更多的是去关注如何才能让学生有所忆、有所得。

数学是思维的体操，思维活动是数学学科的特征，任何数学教学活动都不能缺少思维活动，复习课同样不例外。因此在复习的过程中，不仅要让学生熟练掌握学过的知识，还要培养学生举一反三、触类旁通的能力，同时注重思维的灵活性和创造性，让学生善于运用所学的知识灵活地解决问题。通过设计一题多解、多题一解、一题多变等形式的练习题目，在课堂上给学生预留充分的思考时间和空间，鼓励学生发挥自己的创造力，让不同层次的学生的思维能力都得到了发展与提高。

（四）自主性原则

每一位教师都应清楚一个道理，学习是学生自己的事情，教师只是通过各种手段、各种途径促进学习的进行，教师采用的一系列方法效果如何，需要通过学生的表现、成就加以评价，这就要求教师在教学过程中始终把学生的自主学习放在首位，教师的一切工作都是为了促进学生的学习，在数学复习课中也不例外，教师通过创设学生自主学习的环境，设计教学活动促进学生自主思考，以达到掌握知识、提高数学能力的目的。在复习课中力求做到：知识让学生梳理、规律让学生寻找、知识网络让学生建构、对错让学生判断、成功让学生体验。

第四节 数学复习课阅读教学案例分析

一、教学案例17：《比和比例》复习课

（一）教材分析

比和比例的学习建立在学生对数的基本认识之上，学习比和比例有助于学生培养跨学科思维，将数学知识与其他学科知识相结合，解决实际问题。在数据分析中，比和比例常用于描述数据之间的关系，如比例尺、百分比等。掌握

比和比例有助于学生更好地理解和分析统计数据。在几何学中，比例关系无处不在，如相似图形的对应边成比例、三角形的边长比例关系等。比和比例的学习有助于学生将之前学习的数与代数、分数与除法等知识整合起来，形成更加完整和系统的数学知识体系。

通过学习比和比例，学生不仅能够掌握数学基础知识，还将更容易理解并解决涉及比例关系的方程和不等式问题。比例关系可以表示为函数，为学生后续学习函数及其图像提供了重要的背景知识，也有助于培养学生的逻辑思维、问题解决能力和数学表达能力等数学素养，为未来的学习和生活打下坚实的基础。

（二）学情分析

学生对比和比例的概念初步了解，可以识别简单的比和比例关系，进而掌握比和比例的基本性质和计算方法。在掌握基础知识后，学生能够将比和比例应用于实际问题中，解决相关的数学问题。

部分学生对比和比例的概念理解不够深入，容易混淆两者的区别和联系；部分学生虽然掌握了比和比例的基础知识，但无法将所学知识应用于实际问题中。教师需要通过实际案例、生活情境等方式，帮助学生理解比和比例的应用价值，提高应用能力。根据六年级学生的年龄特点，他们面对"同伴"的错误，会显得很积极，认真地对每一个老师上课强调的"易错点"一一排查，能收到良好的复习效果。

（三）教学目标

（1）进一步掌握比和比例的意义、性质，比和分数、除法的关系，能正确迅速地化简比和求比值。

（2）通过习题纠错，辨析知识点之间的联系与区别，提高学习的系统性，培养学生归纳、总结等自我复习能力。

（3）以小组交流合作的形式培养团队合作精神，培养综合运用数学知识解决实际生活问题的能力。

（四）教学重点

理解比和比例的意义、性质，掌握关于比和比例的实际运用和计算。

（五）教学难点

能理清知识间的联系，建构起知识网络。

（六）教学过程

环节一：重读教材，构建"知网"

阅读教材第76—84页，完成下列导读提纲中的内容：

比和除法、分数的关系

除法 $a \div b$	被除数	÷（除号）	除数	商
分数 $\dfrac{a}{b}$				
比 $a:b$				

注意：b _____。

比和比例

比和比例	比	比　　例
意义		
基本性质		
各部分名称	$a : b$ ↓　↓	$a\ :\ b\ =\ c\ :\ d$ 若 _____ 则 _____ 比例中项

设计意图：复习课是以巩固梳理已学的知识、使之形成知识网络、提高基本技能、增强解决实际问题的能力为主要任务的，应把复习的主动权交给学生。学生课前自己去梳理，以巩固知识点，利用课前复习这一环节，通过小组合作探讨，明确目标后，小组共同探究，列出所要复习的知识，再通过交流、对比补充，把这一部分知识整理得井井有条，形成一个清晰的知识网络，自己整理得出的结果，印象深刻，可以体验到成功的快乐。

环节二：阅读问题，探究解法

找出下列解题过程中的错误，说明理由，并改正。

（1）下表是小明家去年第一季度家庭收入与支出的统计表，写出小明家2月的收入与1月的收入之比。

月份 收支	1月	2月	3月
收入（元）	3 800	4 150	4 050
支出（元）	2 893	3 865	3 232

解：$3\,800 : 4\,150 = \dfrac{3\,800}{4\,150} = \dfrac{380}{415}$　改正：_____。

（2）求比值：$12 : 15 = 4 : 5$　改正：_____。

（3）化简比：① $\dfrac{1}{2} : \dfrac{1}{4} = \dfrac{1}{2} \div \dfrac{1}{4} = \dfrac{1}{2} \times 4 = 2$　改正：_____。

② $0.32 : 0.2 = 0.32 \times 100 : 0.2 \times 10 = 32 : 2 = 16 : 1$　改正：_____。

③ $\dfrac{1}{4} : \dfrac{1}{5} : \dfrac{1}{6} = (1 \div 4) : (1 \div 5) : (1 \div 6) = 4 : 5 : 6$　改正：_____。

（4）$1 : 3 = 3 : 4$ 是比例，3叫作1和4的比例中项。　改正：_____。

（5）求 x 的值：$\dfrac{x}{28} = \dfrac{2}{7}$　解：$2x = 7 \times 28$　$x = 98$

改正：_____。

(6) $a \times 3 = b \times 5$,则 $a : b = 3 : 5$ 改正：_____
_____。

想一想：解决以上问题，需要哪些知识？

设计意图：通过阅读错题并纠正，深化对知识点的理解，提高学生能力。错题的来源是学生的作业，呈现的形式是以导读提纲分类出示，解决的方法是"自主思考—小组交流—师生共同反馈"。通过对学生作业中错误的挖掘，找出错误的原因，体会知识点的运用，梳理知识点之间的联系。

环节三：师生交流，解决问题

1. 思考题

李师傅昨天6小时做了72个零件，今天8小时做了96个零件。写出李师傅昨天和今天所做零件个数的比和所用时间的比，这两个比能组成比例吗？为什么？

2. 填空题

(1) 根据线段图，写出下面的比。

甲数：┝─┼─┼─┼─┤

乙数：┝─┼─┼─┤

① 甲数与乙数的比是_____；② 乙数与甲数的比是_____；

③ 甲数与甲乙两数和的比是_____；④ 乙数与甲乙两数和的比是_____。

(2) $2 : 6$ 的比值是（   ），如果前项乘以3，要使比值不变，后项应该（   ），如果前项和后项都除以2，比值是（   ）。

(3) 1吨 : 250千克 : 1吨250千克 =（   ）:（   ）:（   ）。

如果 $a : b = 3 : 4$，$a : c = 3 : 7$，那么 $a : b : c = $（   ）:（   ）:（   ）。

(4) 如果 $A \times 3 = B \times 5$，那么 $A : B = $（   ）:（   ）；如果 $a : 4 = 0.2 : 7$，那么 $a = $（   ）。

设计意图：学生自行完成，小组交流答案，并统计正确率，有异议的全班讨论。各组有争议的问题，尽可能让学生各抒己见，在"辩论"中自己发现问题，然后教师再适时给出多种解决方式供学生选择，达到纠错目的的同时，拓展学生的思维。

环节四：梳理思路，形成"法网"

（小组讨论）

1. 思考题

（1）甲数的 $\frac{1}{3}$ 等于乙数的 $\frac{1}{4}$，甲和乙的比是多少？

（2）甲数减少 $\frac{1}{3}$、乙数减少 $\frac{1}{4}$ 后，两数相等，甲和乙的比是多少？

（3）当 x 取何值时，它与 2、3、4 可以组成比例？

（4）如图，大小两个圆重叠在一起，重叠部分占小圆的 $\frac{2}{5}$、占大圆的 $\frac{1}{7}$，那么小圆面积与大圆面积之比是多少？

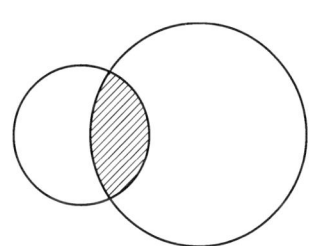

2. 操作题（学生任选一题完成）

（1）训练场长 28 米、宽 20 米，把它画在边长 30 厘米的正方形纸上，选怎样的比例尺比较合适？画好后的训练场长和宽各是多少厘米？

（2）观察简图，解决问题：

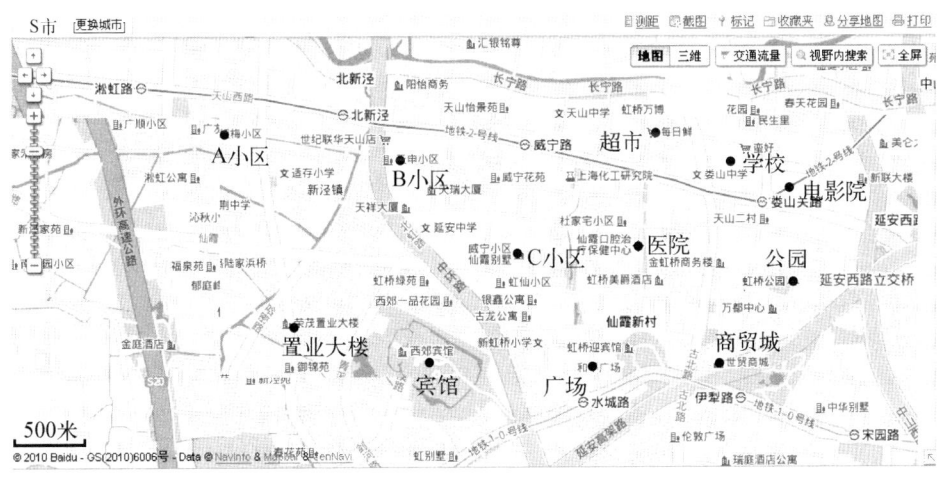

① 找到地图上的比例尺；

② 试计算电影院和学校的直线距离约为多少；

③ 如果张老师从学校走到电影院要走 10 分钟，那么以同样的速度，张老

师从两千米以外的家走到学校要花多少时间？请推断张老师的家在哪个小区。

④ 你还能提出新的问题并解答吗？

设计意图：兴趣是最好的老师，能激发学生的创造力，我国的大教育家孔子曾说："知之者不如好知者，好知者不好乐知者。"教师要使题目或题目的呈现形式趣味化，才能激发学生学习的动力，使之主动思考、自主练习，以小组竞赛的形式激发学生的学习热情。

环节五：总结方法，内化提升

本节课复习了比和比例的有关内容。我们是怎样复习的呢？你有什么收获？请制作一张知识、方法构图帮助梳理知识点。

设计意图：通过总结本章的知识、方法进一步从基本知识和基本方法上进行总结，巩固学过的知识，为后面的学习打下良好基础。

二、教学案例18：《分数》复习课

（一）教材分析

分数是数学学习中的重要内容，是数与代数领域的关键知识点，扩展了数的概念，为后续学习有理数、实数等更高级的数学概念奠定了基础。同时，分数在解决实际问题中也具有广泛的应用，如测量、分配、比例等。

分数在实际生活中有着广泛的应用，通过对实际问题的探究，学生可以更好地理解和解决实际问题。分数不仅是一种数学工具，还蕴含着深厚的数学文化，反映了人类对自然界和人类社会的认识和把握能力，体现了数学的严谨性和精确性。

在分数的学习中，蕴含着数形结合、转化、极限等多种数学方法与思想。分数的学习不仅有助于学生更深入地理解数的概念，培养数感，发展抽象思维等能力，掌握数学知识，还有助于培养学生的数学素养，如逻辑思维能力、问题解决能力等。

（二）学情分析

学生已经具备的一些基本生活经验为其理解分数的概念提供了直观的素材，能有效建立分数与现实生活之间的联系。同时学生也具备一定的逻辑思维能力，对分数的产生、意义、性质、运算的理解有基本的抽象思维能力。

在学习分数的过程中对理解"单位1"的概念，即将一个整体看作"1"，然后将其分为若干等份，这种抽象的理解过程对于部分学生来说是一个挑战。

分数与小数的混合运算中，数的形式多变，运算法则也复杂，容易出现错误。部分学生难以将分数知识与实际生活相联系，从而影响对分数概念的理解和掌握。

（三）教学目标

（1）通过复习，学生能够全面掌握分数的意义、性质、基本运算（包括加减乘除）及分数与小数、百分数的互化方法。

（2）通过小组合作、例题讲解、练习巩固等多种教学方式，引导学生自主总结、归纳分数相关知识点，提高解决问题的能力。

（3）激发学生对数学学习的兴趣，培养学生细心观察、认真审题、独立思考和合作学习的习惯，增强数学学习的自信心。

（四）教学重点

分数意义与性质的理解、分数的运算方法的掌握。

（五）教学难点

计算方法的灵活选择，分数运算的应用。

（六）教学过程

环节一：重读教材，构建"知网"

阅读教材第71页，完成概念复习学习单。

设计意图：分数的学习建立在学生已经掌握整数知识基础之上。整数的学习为分数的学习提供了关于数的初步认识，包括数的表示、大小比较、加减乘除、运算律等基本法则。这些基础知识为分数的学习提供了必要的知识准备。通过复习，回忆分数表示的是整体与部分之间的关系。分数的学习过程往往是一个从具体到抽象、从感性到理性的认知过程。按照由简单到复杂的学习方式有助于学生的理解和掌握，例如，分数加减运算由同分母加减运算过渡到异分母加减运算，由单一运算过渡到混合运算。

环节二:阅读问题,探究解法

(1) 把一条线段平均分成 5 份,1 份是它的 $\frac{(\quad)}{(\quad)}$,4 份是它的 $\frac{(\quad)}{(\quad)}$。

(2) 把一个正方形平均分成 4 份,1 份是它的 $\frac{(\quad)}{(\quad)}$,3 份是它的 $\frac{(\quad)}{(\quad)}$。

(3) 用一张长方形的纸,折出它的 $\frac{1}{4}$,并涂上阴影。(画出图)

(4) 用一张正方形的纸,折出它的 $\frac{3}{8}$,并涂上阴影。(画出图)

(5) $\frac{1}{4}$ 是真分数吗?还学习了哪些类型的分数?

(6) 分数 $\frac{2}{3}$ 和 $\frac{3}{2}$ 有怎样的数量关系?

(7) $\frac{1}{4}$ 如何与 $\frac{25}{100}$ 比较大小呢?

设计意图:分数这个概念对于预备年级的学生而言并不难理解,通过问题链复习巩固分数的相关概念。

环节三:师生交流,解决问题

(1) 在括号内填上适当的数,使等式成立。

$\frac{4}{6}=\frac{4\times(\quad)}{6\times(\quad)}$ $\frac{4}{6}=\frac{4+(\quad)}{6+(\quad)}$ $\frac{4}{6}=\frac{4-(\quad)}{6-(\quad)}$ $\frac{4}{6}=\frac{4\div(\quad)}{6\div(\quad)}$

(2) 把 $\frac{1}{3}$,$\frac{3}{4}$ 和 $\frac{5}{9}$ 通分,并比较它们的大小。

设计意图：通过以上问题复习分数的基本性质与应用、分数的大小比较。

环节四：梳理思路，形成"法网"

1. 思考题

（1）$\frac{1}{3}$能化成小数吗？$\frac{1}{4}$能化成小数吗？

（2）怎样的最简分数能化成有限小数？

（3）分数能化成的小数反过来能化成分数吗？例如：0.25、$0.\dot{3}$如何化成分数？

2. 计算题

（1）$\frac{2}{3} - \frac{7}{12}$

（2）$\frac{2}{3} \div \frac{15}{8} \times 1\frac{1}{4}$

（3）$2\frac{1}{3} \times 2.5 - 1.4 \div \left(3 - 1\frac{4}{5}\right)$

3. 分数运算的应用

（1）我校六（3）班共有学生40人，其中参加课外兴趣小组的有30人，求参加课外兴趣小组人数是全班人数的几分之几。

（2）我校六（3）班共有学生40人，参加数学兴趣小组人数是全班人数的$\frac{3}{8}$，求六（3）班参加数学兴趣小组的人数。

（3）我校六（3）班参加科创兴趣小组的有12人，是全班人数的$\frac{3}{10}$，求六（3）班的学生人数。

设计意图：通过以上问题复习分数转化成有限小数的特征、分数与小数的互化、分数加减乘除运算的方法以及分数运算的应用，分析常见错误，找到解决的策略。窦向凯老师说："注意是产生学习的前提，应激发学生在阅读中的记忆。"纠错环节的设置正是结合了学生年龄的特点，即喜欢找错误，特别是他人的错误，让学生在体验的过程中对错误有重新辨析的机会。

环节五：总结方法，内化提升

完善分数单元知识结构图，总结典型例题和方法。

设计意图：通过总结本章的知识方法进一步从基本知识和基本方法上内化与提升，引导学生对知识形成真正的、深层次的理解，可以从几个方面进行判断：一是能否用自己的话对所学知识进行解释、表述。二是能否据所学知识进行推论、猜测并解释相关现象，解决相关问题。三是能否举一反三，灵活运用。四是能否综合几方面的相关知识解决较复杂的问题。五是能否应用所学知识解决实际生活中的问题。建构主义认为："知识是无法传授的，传递的只是信息，知识只是在它与认知主体在建构活动中的行为相冲突或者相顺应时才被建构起来的。"这既从学习的本质上说明了学生在学习中的主体性，也体现了学习过程中的主动性与建构性。

三、教学案例19：《因式分解》复习课

（一）教材分析

因式分解是初中数学重要的恒等变形之一，是代数知识体系中不可或缺的一部分。它不仅是整式乘法学习的延续，也是后续学习分式、二次根式、一元二次方程、二次函数等知识的基础，在代数学习体系中具有承上启下的作用。

因式分解可以将复杂的多项式转化为几个整式的积，从而简化计算。因式分解法是后续学习解一元二次方程的常用的方法之一。学习因式分解可以培养学生的观察能力、运算能力以及综合分析和解决问题的能力。

整式乘法与因式分解是相反的过程，两者又紧密相连、相互依存，体现了对立统一的思想。因式分解的学习可以帮助学生巩固整式乘法、代数式的基本性质等基础知识，还能为后续学习分式等知识奠定基础，促进知识的迁移和应用，体现了学科中的工具作用。

（二）学情分析

学生已经学习了整式的乘法运算，为因式分解的学习提供了数学基础。乘法的分配律及其逆运算，是理解因式分解与整式乘法之间互逆关系的关键。

七年级学生正处于从直观思维向抽象思维过渡的阶段。对于代数变形和逻辑推理，部分学生可能会感到抽象和难以理解；在掌握因式分解的具体方法时，部分学生会遇到无法快速确定公因式、分析多项式特征、恰当选择方法等

困难。教师可引导学生观察、比较、归纳因式分解与整式乘法之间的互逆关系，培养抽象思维能力和逻辑推理能力。

通过创设实际问题情境，引导学生将因式分解与实际问题相结合，培养数学的应用意识和能力。

（三）教学目标

（1）进一步掌握因式分解的概念，熟练运用四种方法进行因式分解。

（2）学生通过找错、纠错，综合运用，辨析知识间的联系与区别，提高分析、归纳、反思、综合运用能力。

（3）通过小组合作，进一步培养学生的合作能力，增强自信。

（四）教学重点

正确合理地运用四种方法来进行因式分解。

（五）教学难点

体会整体思想，灵活选择适当的因式分解方法。

（六）教学过程

环节一：重读教材，构建"知网"

回顾因式分解（教材第39—52页）内容，完成以下导读提纲。

（1）因式分解的概念：把一个_____化为几个_____的_____的形式，叫作把这个多项式因式分解。

（2）分解因式：$ma + mb + mc =$ _____，运用的是_____法。

公因式_____。

（3）公式法：$a^2 - b^2 =$ _____

$a^2 + 2ab + b^2 =$ _____

（4）分解因式：$x^2 + 3x + 2 =$ _____，运用的是_____法。

（5）分解因式：$ax - by - ay + bx =$ _____，运用的是_____法。

设计意图：通过导读提纲的方式，让学生课前阅读教材，系统复习数学知识和方法，为课堂教学做准备。

环节二：阅读问题，探究解法

(1) 下列从左到右的变形，属因式分解的有（　　）

  A. $a(a-b) = a^2 - ab$ B. $a^2 - 2a + 1 = a(a-2) + 1$

  C. $x^2 - x = x(x-1)$ D. $x^2 - \dfrac{1}{y^2} = \left(x + \dfrac{1}{y}\right)\left(x - \dfrac{1}{y}\right)$

(2) 分解因式：$4x(x-y)^2 + x(y-x)$ 改正：_____

  解：原式 $= 4x(x-y)^2 + x(x-y)$

     $= (x-y)[4x(x-y) + x]$

     $= (x-y)(4x^2 - 4xy + x)$

  错误_____

(3) 分解因式：$a^4 - 2a^2 + 1$ 改正：_____

  解：原式 $= (a^2 - 1)^2$

     $= [(a-1)^2]^2$

     $= (a-1)^4$

  错误_____

(4) 分解因式：$3x^2 - 15xy + 18y^2$ 改正：_____

  解：原式 $= 3(x^2 - 5xy + 6y^2)$

     $= 3(x-2)(x-3)$

  错误_____

(5) 分解因式：$x^2 - 4xy - 1 + 4y^2$ 改正：_____

  解：原式 $= x(x-4y) - (1-4y^2)$

     $= x(x-4y) - (1+2y)(1-2y)$

  错误_____

设计意图：尽可能将错题涉及的知识点覆盖所有因式分解的知识点，并在课堂上以改错题的形式呈现给学生，让学生先自己独立阅读题目，引导学生查找错误的原因并改正。分小组展示结果，让学生在体验的过程中对自己以往的错误有重新辨析的机会，锻炼学生的合作能力，增强学生的表达能力和归纳总结能力。帮助学生纠正容易出现的原则性错误，克服思维的盲点，同时在这样的过程中引导学生在系统回顾知识和重构知识之间关联，并体会其中蕴含的数学思想，提高学生思维灵活性和思维广度。

环节三：师生交流，解决问题

1. 因式分解的一般步骤

(1) 一"提"：如果多项式的各项有公因式，那么先提公因式；

(2) 二"套"：如果各项没有公因式，那么可尝试运用公式、十字相乘法来分解；

(3) 三"分"：如果用上述方法不能分解，那么可以尝试用分组法来分解；

(4) 四"查"：_____。

2. 因式分解的注意点

(1) 分解因式，必须进行到每一个多项式因式都不能再分解为止；

(2) 提取公因式时注意符号，避免漏项。

设计意图：努力贯彻阅读复习课先练后讲的原则，把课堂还给学生，学生会的学生讲，学生不会的教师引导点拨，适当添加难度来讲。在团体的交流活动中，学生的好胜动机和表现的需要会更加强烈，特别在评述问题时，为了做到正确和语言精练，增强了仔细阅读、反复阅读的欲望，在学生的交流中进行阅读效能的评价和适当的表扬都能起到阅读动机的诱发作用。

环节四：梳理思路，形成"法网"

按要求把下列各式因式分解。

(1) 分解因式 $-2(13x-7)^2+72$　　提取公因式——平方差公式

(2) $ab(c^2-d^2)-(a^2-b^2)cd$　　（分组分解法）

(3) 利用十字相乘法，整体思考：

① x^2-7x+6

② $x^2+xy-6y^2$

③ $(a^2+2a)^2-2(a^2+2a)-3$

④ $(a^2+2a-4)(a^2+2a+2)+5$

(4) 比一比，分解因式：$x^2-120x+3456$

分析：由于常数项数值较大，则采用将 x^2-120x 变为差的平方的形式进行分解，这样简便易行：

$x^2-120x+3456$

$=x^2-2\times 60x+3600-3600+3456$

$=(x-60)^2-144$

$= (x - 60 + 12)(x - 60 - 12)$

$= (x - 48)(x - 72)$

仿照上面的方法分解因式:$x^2 + 100x + 2\ 275$

设计意图:通过几题分解因式,使学生掌握基本知识、基本技能、基本方法,提高学生分析问题和解决问题的能力,渗透整体思想和化归思想,锻炼学生的阅读理解能力。引导学生回顾解题思路,从一题多解、一题多变、多解归一的角度,将不同的解题方法建立联系,打破解题方法的边界,促进解题方法网络的自我构建。

环节五:总结方法,内化提升

(1) 我的困惑是_____。

(2) 举例总结四种常用因式分解方法所适用的题目特征。

设计意图:通过总结四种常见的因式分解方法,发现各类型方法的典型题目特征,能够辨别常见错误,让学生自我体验、自我感悟,帮助学生对因式分解这个知识加深理解。

四、教学案例 20:《正比例函数和反比例函数》复习课

(一) 教材分析

在学习正比例函数和反比例函数之前,学生已经学习了代数式的运算、平面直角坐标系的基本知识,这为正比例函数和反比例函数的学习提供了必要的铺垫,而正比例函数和反比例函数的学习又为后续学习一次函数、二次函数等知识奠定了基础。通过正比例函数和反比例函数的学习,学生可以初步了解研究函数的基本方法和角度,如解析式、图像特征、性质等,尝试用函数的思想解决问题。通过学习正比例函数和反比例函数,学生可以形成观察、分析、归纳和推理等数学能力,锻炼自己的逻辑思维和问题解决能力。

正比例函数和反比例函数的学习,可以教会学生从运动变化、对立统一的角度思考数学问题,利用方程思想和数形结合等数学思想方法解决实际问题,对学生学科素养的进一步发展具有重要意义。

(二) 学情分析

学生在学习函数之前,已经具备了一定的代数基础和平面直角坐标系知

识。多数学生能够理解正比例函数的基本概念和性质,对于反比例函数,由于其图像和性质的特殊性,部分学生理解存在困难,尤其对于 k 的几何意义的理解与应用。

反比例函数的定义域与正比例函数的定义域存在不同,因此在增减性的叙述中也存在不同表述,这对于部分学生存在理解困难。将正比例函数和反比例函数应用于实际问题时,部分学生缺乏相关的生活经验和背景知识,导致理解困难,需要教师重视创设教学情境,采取有针对性的教学策略和方法,采用图像展示、小组讨论等方式帮助学生理解知识,以提高教学效果。

(三)教学目标

(1)能够准确理解正比例函数和反比例函数的概念、表达式及图像特征。

(2)通过实际问题抽象出正比例函数和反比例函数关系,利用图像和解析式解决相关问题。

(3)通过合作探究初步体会代数中的推理方法,提升数学应用能力,增强合作学习的意识。

(四)教学重点

理解正反比例函数的概念、表达式,正比例函数和反比例函数的图像特征及性质,会用正反比例函数解决实际问题。

(五)教学难点

灵活运用正比例函数和反比例函数解决综合问题。

(六)教学过程

环节一:重读教材,构建"知网"

回顾教材第39—52页内容,完成以下导读提纲。

	概念	常量与变量	定义域	常用表示方法
函 数				

	函数名称	正比例函数	反比例函数
不同点	概念（定义域）		
	图像		
	性质		
相同点	解析式的确定		
	k 的作用		

设计意图：通过阅读、回顾填表的方式，让学生课前阅读教材，系统复习函数概念、表示方法以及正比例函数和反比例函数的概念、图像、性质，使知识体现整体性、结构化，将知识点连点成线，并且让学生自主阅读教材的基础上，自主构建知识网络，为课堂教学做准备。

环节二：阅读问题，探究解法

（1）已知 $y=(k-1)x+k^2-1$ 是正比例函数，求 k 的值。

（2）已知反比例函数 $y=\dfrac{2k+1}{x}$，

① 若函数图像过点（2，-1），求 k 的值；

② 如果在这个函数图像所在的每个象限内，y 的值随 x 的值增大而减小，求 k 的取值范围。

（3）已知 $y=y_1-y_2$，并且 y_1 与 x 成正比，y_2 与 $x-2$ 成反比。当 $x=-2$ 时，$y=-7$；当 $x=3$ 时，$y=13$，

① 求 y 关于 x 的函数解析式；

② 求当 $x=5$ 时的函数值。

设计意图：学生第一次学习函数的概念，从变量的角度能够贴近学生的认知水平，通过实际问题帮助学生加深对函数概念的理解，引导学生在构建知识网络的基础上解决数学问题。通过几个例题，引导学生仔细阅读，正确理解题意，明确问题的条件与结论，寻求解决问题的方法，使学生掌握正比例函数和反比例函数的概念、图像和性质，会求简单复合函数的解析式，渗透方程思想、数形结合思想，提升运算能力。

环节三：师生交流，解决问题

一正比例函数与反比例函数的图像有两个交点，其中一个交点坐标为（-2，-1）。

求：这两个函数的解析式，并求另一交点，且指出这两点的位置有什么特点。

小组交流合作：已知正比例函数 $y=ax(a\neq 0)$，反比例函数 $y=\dfrac{b}{x}(b\neq 0)$，在同一坐标系中，这两个函数图像有公共点或没有公共点。试探求 a、b 在符号上有什么关系。

设计意图：从具体问题到抽象问题，通过小组合作探究交流对问题的认识、思考过程及解决问题的策略，最后形成完整的问题解决链条，并且将解题过程完整地表述，发现正比例函数和反比例函数图像有公共点或无公共点时比例系数的符号特征，提升了学生代数推理的学科素养。

环节四：梳理思路，形成"法网"

（1）在平面直角坐标内，点 P 是反比例函数 $y=-\dfrac{2}{x}$ 图像上一点，PD 垂直 x 轴于点 D。求：△POD 的面积。

（2）在平面直角坐标内，从反比例函数 $y=\dfrac{k}{x}$（$k\neq 0$）的图像上一点分别做 x 轴、y 轴的垂线段，与 x 轴、y 轴所围成的长方形面积为 12。求：反比例函数解析式。

设计意图：通过正反两个方向设计问题，利用图像展示、小组讨论等方式帮助学生回顾解题思路，对解题方法进行总结，构建解题方法网络，打破解题方法的边界，促进学生解题方法网络的自主构建，使学生感受到反比例函数中 k 的几何意义的应用。

环节五：总结方法，内化提升

进一步完成本章知识结构图和常见题型举例。

设计意图：通过知识结构的可视化，帮助学生准确理解正比例函数和反比例函数的概念、表达式及图像特征，增强整体把握知识脉络的意识，总结代数中的推理方法，提升数学应用能力，增强合作学习的意识。通过知识网络和方法网络的构建过程，解题思路的探究过程，解题方法的总结，让学生自我体验、自我感悟，提升分析问题、解决问题的能力。

五、教学案例 21：《锐角的三角比》复习课

（一）教材分析

锐角的三角比的学习是在学生已经掌握了相似三角形、勾股定理等基础知识之后进行的，这些基础知识为学生理解锐角的三角比的概念和解直角三角形的方法提供了必要的准备。锐角的三角比、解直角三角形知识的学习不仅是对前面知识的应用和巩固，也为后续学习三角函数和几何问题打下基础。通过学习锐角的三角比，学生可以更好地理解角度与边长之间的关系，进而掌握解直角三角形乃至一般三角形问题的方法。

解直角三角形的应用的学习强调通过数学抽象概念建立数学模型解决实际问题，利用锐角的三角比进行边长和角度的计算，灵活设元，利用已知条件求解未知量。学生通过比较不同方法的优劣，自主探究发现较优的解决方法，在合作、交流、讨论、分享中体会利用数学知识解决实际问题的乐趣。

（二）学情分析

学生需要具备直角三角形的性质、相似三角形的判定与性质、勾股定理等基础知识，以便掌握锐角的三角比的概念，结合图形理解正弦、余弦、正切、余切的含义并进行相关的计算。

锐角的三角比的概念较为抽象，当图形复杂和存在多个变量时，学生容易感到困惑。在教学过程中，教师需采用形象直观的教学方法帮助学生建立清晰的概念框架和知识体系。锐角的三角比的计算涉及较多的数学运算和公式、性质，部分学生会由于能力不足、缺乏信心导致计算失误，教学中教师应注重计算能力和准确度的训练，鼓励学生树立信心，养成良好的计算习惯，利用实际问题提升学习兴趣。

（三）教学目标

（1）了解锐角的三角比知识结构，理解锐角的三角比相关概念。
（2）掌握锐角的三角比单元中相关几何计算。
（3）经历解直角三角形应用相关问题的分析，了解解直角三角形的思路。

（四）教学重点

运用锐角的三角比进行几何计算。

（五）教学难点

解直角三角形的应用。

（六）教学过程

环节一：重读教材，构建"知网"

（1）如图，∠A 是直角三角形的一个锐角，则

$\tan A = $ ——　　$\cot A = $ ——

$\sin A = $ ——　　$\cos A = $ ——

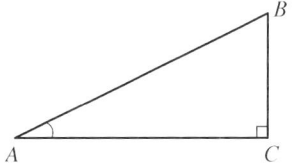

锐角的三角比的取值范围：若∠A 为锐角，则 $\tan A$ ___ 0，$\cot A$ ___ 0，$0 < \sin A < $ ___，$0 < \cos A < $ ___。

锐角的三角比的数值关系：同一个锐角 A：$\tan A \cdot \cot A = 1$；$\tan A = \cot(90° - A)$；$\cot A = \tan(90° - A)$；$\sin A = \cos(90° - A)$；$\cos A = \sin(90° - A)$。

（2）特殊角的三角比。

	30°	**45°**	**60°**
$\sin \alpha$			
$\cos \alpha$			
$\tan \alpha$			
$\cot \alpha$			

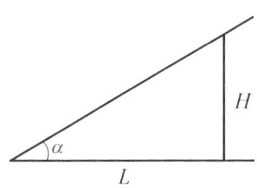

（3）仰角与俯角。

仰角、俯角都是水平线与视线所夹的角。

仰角的特征：视线在水平线上方。

俯角的特征：视线在水平线下方。

(4) 坡度（坡比）与坡角。

坡度：$i = \dfrac{H}{L}$，H 为铅垂高度，L 为水平宽度。

坡角 α 为坡面与水平面的夹角，坡度与坡角的关系是：$i =$ ____。

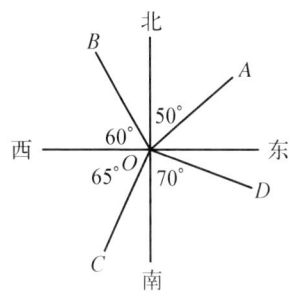

(5) 方向角。

点 A 位于点 O 的_____方向；

点 B 位于点 O 的_____方向；

点 C 位于点 O 的_____方向；

点 D 位于点 O 的_____方向。

设计意图：锐角的三角比是三角学的基础知识，也是解决实际问题的重要工具。通过阅读回顾填空的方式，让学生课前阅读教材，系统复习锐角的三角比的相关概念，回顾在实际问题中锐角的三角比的应用；通过观察特殊三角形的三边关系，可以得到特殊锐角的三角比，提升学生的观察力和归纳能力。

环节二：阅读问题，探究解法

已知四边形 $ABCD$ 中，$AD \parallel BC$，$DC \perp BC$，$AD = 2$，$DC = 4$，$BC = 5$，求 $\tan\angle ACD$，$\cos B$，$\tan\angle BAC$。

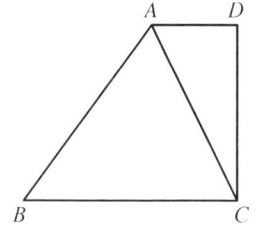

设计意图：通过例题分析，复习求锐角的三角比的方法，找到直角三角形，恰当地添加辅助线，提升构图能力，体会化归思想。遵循学生主体性原则，多给学生提供充分从事数学活动的机会，把课堂上宝贵的时间尽可能留给学生，从具体的直角三角形中抽象出锐角与其对应边之间的数量关系，并理解这种数量关系在一般锐角三角形中的普遍性，进一步提升学生的数学抽象思维能力。

环节三：师生交流，解决问题

(1) 计算。

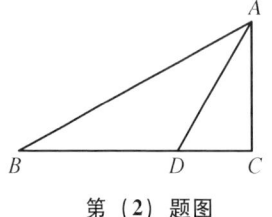

第 (2) 题图

① $\cos 60° - \tan^2 45° + \dfrac{3}{4}\tan^2 30° + \cos^2 30° - \sin 30°$

② $\sqrt{(\cos 60° - 1)^2} + 2\sqrt{\tan 45° - \sin 30°} + |1 - \sin 60°|$

(2) 如图，已知在 $\triangle ABC$ 中，$\angle C = 90°$，$AC = 9$，

∠BAC 的平分线 AD = $6\sqrt{3}$，求 BD 的长。

设计意图：通过例题分析，熟悉锐角的三角比的计算，养成良好的计算习惯，帮助学生克服由于能力不足、缺乏信心导致的计算失误，引导学生注重计算能力和准确度的训练，鼓励学生树立信心，养成良好的计算习惯，学会由已知条件出发寻找解直角三角形的突破口。

环节四：梳理思路，形成"法网"

（1）我市某区为提高某段海堤的防海潮能力，计划将长 96 m 的一堤段（原海堤的横断面如图中的梯形 ABCD）的堤面加宽 $\sqrt{2}$ m，背水坡

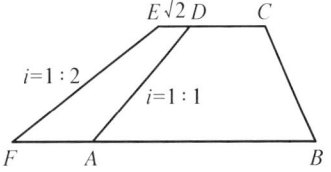

度由原来的 1∶1 改成 1∶2，已知原背水坡长 AD = 8.0 m，求完成这一工程所需的土方，要求保留两个有效数字。

（2）如图，甲、乙两只捕捞船同时从 A 港出海捕鱼，甲船以每小时 $15\sqrt{2}$ 千米的速度沿西偏北 30°方向前进，乙船以每小时 15 千米的速度沿东北方向前

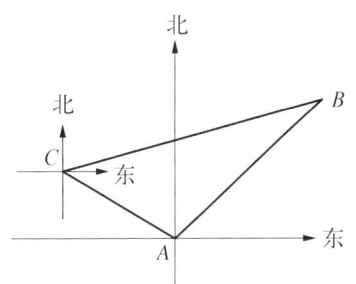

进，甲船航行 2 小时到达 C 处，此时甲船发现渔具落在乙船上，于是甲船快速（匀速）沿北偏东 75°的方向追赶，结果两船在 B 处相遇。① 甲船从 C 处追赶上乙船用了多少时间？② 甲船追赶乙船的速度是多少？

设计意图：解直角三角形应用的学习强调通过数学抽象概念建立数学模型解决实际问题，利用锐角的三角比进行边长和角度的计算，灵活设元，利用已知条件求解未知量。通过对具体问题理解分析，感受锐角的三角比在实际问题中的解题思路，体会化归思想。通过解决实际问题，培养学生的应用能力和解决问题的能力，体会利用数学知识解决实际问题的乐趣；通过小组讨论和合作学习，培养学生的沟通能力和团队协作能力。

环节五：总结方法，内化提升

完成锐角的三角比的单元知识结构图，总结解直角三角形的条件，归纳解直角三角形在实际问题中的应用方法。

设计意图：引导学生进行思考，总结规律，巩固和提高学生对数学知识的认知，组织学生通过知识结构图将零散的知识点有机联系起来，在掌握基本知

识的基础上提升逻辑思维能力，总结解直角三角形的策略，提升对实际问题的分析和解决的能力，体会并运用化归思想。

六、教学案例22："一次方程（组）"复习课（1）

（一）教材分析

《一次方程（组）和一次不等式（组）》分为方程和不等式两个部分，本节课解决一次方程（组）的相关内容，要求学生进一步理解方程和方程组的有关概念，熟练掌握一元一次方程的解法，并能在解一元一次方程的基础上掌握运用"化归"思想解二元（三元）一次方程组，掌握消元法。希望学生能通过学习提升探索、观察、归纳的能力。数学的符号化、逻辑性、严谨性、抽象性决定了在解决问题时要"眼看、心思、手到"。由于学科特点，数学学习常需要归纳概括出一些东西，如解题思想等，或举一些反例、变式来加深理解，以便复习巩固。对已学过的内容进行综合、归类、转化和辨别，挖掘知识的内在联系，把所学的知识融会贯通，使学生对知识的掌握更加准确，其实也是大脑中图式的一种构建。可以通过"历史上的二元一次方程组的解法"这样的课外阅读，让学有余力且对数学有兴趣的学生有一个很好的接触数学文化以及数学解题方法的途径。

（二）学情分析

一次方程（组）的概念对于预备年级的学生而言并不难理解，但是做题的时候，学生总是或多或少出现概念和计算的相关问题，从学习能力一般的到比较好的学生大都自我感觉非常好，觉得这部分内容是没有什么弄不清楚的，粗心是自己犯错的唯一原因。窦向凯老师说："注意是产生学习的前提，应激发学生在阅读中的记忆。"纠错环节的设置结合预备年级学生年龄的特点，即喜欢找错误，特别是他人的错误，纠错的价值和意义在于通过学生自主探索、观察、归纳掌握相关数学问题。

（三）教学目标

（1）进一步掌握一次方程（组）的基本概念和解法，并能解决相关数学问题。
（2）学生通过找错、纠错，综合运用，辨析知识间的联系与区别，提高分析、归纳、反思和综合运用能力。

(3) 以小组交流合作的形式培养团队合作精神。

(四) 教学重点

体会化归思想,正确、合理地运用基本概念、性质进行解题。

(五) 教学难点

对所学知识加深理解、系统掌握、综合运用,提高知识水平,发展学习能力。

(六) 教学过程

环节一:重读教材,构建"知网"

回顾一次方程(组)(教材第 38—47 页,67—74 页)内容,完成以下导读提纲。

(1) 一次方程的概念。

方程类型	未知数个数	未知数次数	一般形式
一元一次方程	1	1	关于 x 的一元一次方程的一般形式:$ax+b=0(a\neq 0)$
二元一次方程			
二元一次方程组			

注意:未知数的系数应满足_____。

(2) 一次方程(组)的解法。

一元一次方程的解法		二元一次方程组的解法	
① 去分母	依据:等式性质2	数学思想	
	依据:		
	依据:	基本方法	
	依据:		
	依据:		

注意：解三元一次方程组时可以通过和＿＿＿＿＿＿解法进行类比。

设计意图：通过导读提纲的方式，让学生课前阅读教材，系统复习数学知识和方法，为课堂教学做准备。

环节二：阅读问题，探究解法

阅读他人解题过程，判断是否正确，如果不正确或不恰当请用红笔改正，并说明理由：

(1) 关于 x 的方程 $(k-1)x+3=0$（k 是常数）是一元一次方程。

(2) 关于 x，y 的二元一次方程 $5x+2y=15$ 的解为 $\begin{cases} x=1 \\ y=5 \end{cases}$。

(3) 下列方程组都是二元一次方程组。

A. $\begin{cases} 2x+y=4 \\ x-2y=-3 \end{cases}$ B. $\begin{cases} 2x-3y=11 \\ 5y-4z=6 \end{cases}$ C. $\begin{cases} x^2=9 \\ y=2x \end{cases}$ D. $\begin{cases} x+y=8 \\ \dfrac{1}{x}-y=4 \end{cases}$

(4) 解方程：$-\dfrac{2}{3}x-2=5$

解：$-\dfrac{2}{3}x=3$

$x=2$

设计意图：自我纠错的价值和意义在于：如果让学生自己说出平时解题中易犯的错误，他们往往说不清楚，而这里教师用心把平时的错题都收集起来，让学生自己来挑错，情形就不一样了，学生个个都擦亮双眼，积极探索。

环节三：师生交流，解决问题

解方程：

(1) $3x-6(x+1)=5$

同学 A 去括号得：$3x-6x+6=5$；

同学 B 去括号得：$3x-6x-1=5$；

同学 C 去括号得：$3x-6x+1=5$。

(2) $\dfrac{5x+1}{2}-\dfrac{2x-1}{4}=-1$

去分母，得 $2(5x+1)-2x-1=-1$；

去括号，得 $10x+2-2x-1=-1$；

移项，得 $10x - 2x = -1 + 2 - 1$；

合并同类项，得 $8x = 0$；

系数化为1，得此方程无解。

设计意图：此环节安排重点、难点的合作探究，即对通过自主学习难以解决的问题、理解不到位的难点、疑点，小组内进行合作学习，合作学习的要点在于通过讨论、争辩让学生掌握重点、理解难点、消除疑惑。当然对合作学习难以解决的问题或感到疑惑的问题，可以向老师和全班同学提出。

环节四：梳理思路，形成"法网"

解方程组：$\begin{cases} 2x + 3y = 8 & ① \\ x - 2y = -3 & ② \end{cases}$

解法一：由②×2，得 $2x - 4y = -6$ ③

由①-③，得 $-y = 14$；$y = -14$

把 $y = -14$ 代入①，得 $x = 25$，

所以原方程组的解是 $\begin{cases} x = 25 \\ y = -14 \end{cases}$

解法二：由①，得 $x = \dfrac{8 - 3y}{2}$ ③

把③代入②，得 $\dfrac{8 - 3y}{2} - 2y = -3$

$$8 - 3y - 4y = -6$$
$$-7y = -14$$
$$y = 2$$

把 $y = 2$ 代入①，得 $x = 1$

所以原方程组的解是 $\begin{cases} x = 1 \\ y = 2 \end{cases}$

设计意图：通过学生作业典型错误的再现，引导学生查找错误的原因，帮助学生纠正容易出现的原则性错误，克服思维的盲点。同时在这样的过程中引导学生系统回顾知识点和重构知识之间的关系，并体会其中蕴含的数学思想。

环节五：总结方法，内化提升

1. 阅读下述材料，再按要求解答

如果一个一次方程可化为 $ax + by + 1 = 0(a，b$ 为常数$)$ 的形式，并且满

足 $a + b = 1$，那么我们就把这个一次方程叫作具有"1性质"的方程。

（1）请举一个具有"1性质"的方程。

（2）若关于 x，y 的方程 $\frac{m-n}{2}x - (m+n)y = 1$ 是具有"1性质"的方程，且 $\begin{cases} x = 1 \\ y = -1 \end{cases}$ 是该方程的一个解，试求 m，n 的值。

设计意图：变式练习既可检测学生对一次方程（组）的相关概念与一次方程（组）的解法的掌握情况，也可提高学生思维灵活性广度。通过知识的综合运用，使学生掌握基本知识、基本技能、基本方法，提高学生分析问题和解决问题的能力，也是对知识、相关理论和规律进行归纳、拓展。

2. 学生自主小结

设计意图：通过学习交流，学生了解其他同学的学习方法和思路，发现自身学习方法的不足，因而取长补短。学生完成知识梳理、归纳质疑、思维训练、数学交流等各个环节后，进一步整合完善所复习的知识、方法、规律，培养分析、归纳、综合的能力。

3. 课外阅读

解二元一次方程组的基本方法是化二元为一元。从数学史上看，化二元为一元的方法有消元法和换元法两种。消元法包括代入消元法和加减消元法，基本思路是消去其中一个未知数，得到另一未知数的一次方程；换元法的基本思路则是将方程组转化成关于第三个未知数的一次方程。消元法和换元法在古巴比伦泥版数学文献中即已出现，其诞生时间之早、所历年代之久，令人惊叹不已！在成书于汉代的数学名著《九章算术》"方程"章中，作者已经系统地使用了今天的互乘相消法，开历史之先河。13世纪初，意大利数学家斐波纳契在《计算之书》第12章中使用了不同的换元法。

加减消元法往往比代入消元法更简便，即使是对于那些用代入消元法能轻而易举解决的方程组来说，也是如此。这就不难理解为什么这种消元法在历史上会出现得如此早了。

人们最容易想到用加减消元法来解的二元一次方程组莫过于 $\begin{cases} x + y = A \\ x - y = B \end{cases}$，对古代巴比伦人来说，以加减消元法来解该方程组乃是稀松平常之事。

对于二元一次方程组，历史上的数学家往往并不拘泥于某一种方法，而是根据方程组的特点，灵活求解。我国 3 世纪数学家刘徽在给《九章算术》方程章作注时，提出了"方程新术"，其思路是消去常数项，得到诸未知数之间的比率，最后代入某一方程求出其中一个未知数。而斐波纳契在《计算之书》中也常常用多种方法来解同一个方程组。

例如：用各种方法解二元一次方程组 $\begin{cases} x+7=5(y-7) \\ y+5=7(x-5) \end{cases}$。（斐波纳契《计算之书》中的问题）

方法一：

对方程组作另一种变形：在第一个方程两边同加上（$y-7$），在第二个方程两边同加上（$x-5$），得：

$\begin{cases} x+y=6(y-7) \\ x+y=8(x-5) \end{cases}$ 或 $\begin{cases} y-7=\dfrac{1}{6}(x+y) \\ x-5=\dfrac{1}{8}(x+y) \end{cases}$

将两个方程相加，得 $(x+y)-12=\dfrac{7}{24}(x+y)$，把 $(x+y)$ 看作一个整体，得 $x+y=\dfrac{288}{17}$，故得 $x=\dfrac{121}{17}$，$y=\dfrac{167}{17}$。这正是斐波纳契在《计算之书》中所用的方法之一：将未知数 x 和 y 的二元一次方程组转化为关于未知数 ($x+y$) 的一元一次方程。

方法二：

设 $y-7=t$，则 $y=7+t$，从第一个方程得到 $x=5t-7$，代入第二个方程得 $t+12=7(5t-12)$，于是得 $t=\dfrac{48}{17}$，故得 $x=\dfrac{121}{17}$，$y=\dfrac{167}{17}$。这正是斐波纳契在《计算之书》中所介绍的第二种换元法，斐波纳契说，这一精彩的方法是阿拉伯人发现的。

设计意图：复习课对于有些学有余力的学生而言可能觉得食之无味，那么为改善这样的情况，甚至让他们觉得山外有山，有挑战目标的内容更能让课堂达到一定的分层学习效果。课外阅读让学有余力且对学科有兴趣的学生有了一个很好的接触学科文化以及多种学科学习方法的途径。

第七章 数学阅读教学评价的实施

第一节 数学阅读能力评价指标及工具

一、数学阅读能力评价指标

评价指标是评价工作的基础,也是评价活动的核心环节。数学阅读能力的测评既要尽可能全面反映学生的数学阅读能力,又要遵循科学性、可行性原则。

经查阅资料以及与专家讨论研商,根据数学阅读能力的内涵,数学阅读能力测评主要是以阅读理解型问题为主,以纸笔测试的形式从概念理解、阅读推理、阅读辨析、抽象概括四个方面的能力进行评价。

数学阅读能力评价指标及具体含义见表7-1。

表7-1 数学阅读能力评价指标及其具体含义

评价指标	具 体 含 义
概念理解	阅读中对文字、符号、图表等三种数学语言的理解
阅读推理	阅读中类比、归纳、按照逻辑规则推理、利用直觉思维推理的能力
阅读辨析	对阅读材料中的信息进行辨别、分析的能力
抽象概括	从阅读材料中抽象出数学知识的本质特征并加以运用的能力

二、数学阅读能力评价工具

（一）数学阅读能力测试框架

对数学阅读能力评价指标进一步分解，形成数学阅读能力测试框架。具体测试框架见表 7-2。

表 7-2 数学阅读能力测试框架

测 试 维 度	测 试 试 题
A1 阅读辨析	B1 有理数计算辨析
	B2 方程解法辨析
	B3 不等式解法辨析
A2 阅读推理	B4 图形规律推理
	B5 代数式规律推理
A3 抽象概括	B6 新运算的理解应用
	B7 新方法的理解应用
	B8 新概念的理解应用
A4 概念理解	B9 图形理解
	B10 表格理解
	B11 文字理解

（二）数学阅读能力评价卷

在数学阅读能力测试框架指导下，形成《数学阅读能力评价卷》。该评价卷一共涉及 11 个测试题，题型为填空题和解答题。

第一部分　阅读辨析题

你觉得下面三道题的解答正确吗？如果正确，请在（　　）内打"√"；如果错误，请在（　　）内打"×"，并在题目的右边给出正确解答。

1. 计算

$(-3^2) \div \dfrac{3}{2} \times \dfrac{2}{3} + 6 \div \left(\dfrac{1}{2} - \dfrac{1}{3}\right)$ 　　　　　改正：

解：原式 $= 9 \div 1 + 6 \div \dfrac{1}{6}$

　　　　$= 9 + 36$

　　　　$= 45$　　（　　）

2. 解方程

$\begin{cases} 2x + y = 0 & ① \\ x - 3 - \dfrac{y-2}{2} = 2 & ② \end{cases}$ 　　改正：

解：由②得：

$2(x-3) - y - 2 = 2$

$2x - 6 - y - 2 = 2$

$2x - y = 10$ 　　③

①-③得：

$4y = -10$

$y = -\dfrac{5}{2}$

把 $y = -\dfrac{5}{2}$ 代入③得

$2x + \dfrac{5}{2} = 10$

$x = \dfrac{15}{4}$

所以原方程组的解为 $\begin{cases} x = \dfrac{15}{4} \\ y = -\dfrac{5}{2} \end{cases}$　　（　　）

3. 求不等式组的最大整数解

$\begin{cases} 4 - y \geqslant y + 7 & ① \\ \dfrac{-5-y}{3} + 1 \geqslant y & ② \end{cases}$ 　　改正：

解：由①得：

$-2y \leqslant 3$

$\quad y \leqslant -1.5$

由②得：

$-5 - y + 3 \geqslant 3y$

$\quad -4y \geqslant -2$

$\quad y \leqslant \dfrac{1}{2}$

所以原不等式组的解集为 $y \leqslant -1.5$。

所以原不等式组的最大整数解为：$y = -1$。（　　）

第二部分　规律探究题

1. 填表

如图（1）所示是一个三角形，分别连接这个三角形三边的中点得到图（2），再分别连接图（2）中间的小三角形三边的中点，得到图（3），按此方法继续连接，请根据每个图中三角形的个数的规律将下表填写完整：

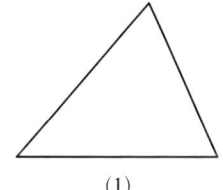　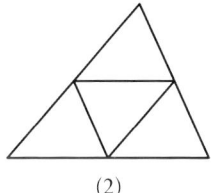　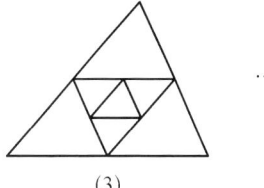

(1)　　　　　　(2)　　　　　　(3)

图形编号	(1)	(2)	(3)	(4)	(5)	…	(10)
三角形个数	1	5	9			…	

2. 先计算再回答问题

(1) $(1+2)^2 = $ _____ ；$1^2 + 2^2 = $ _____ ；

(2) $(2+3)^2 = $ _____ ；$2^2 + 3^2 = $ _____ ；

(3) $(3+4)^2 = $ _____ ；$3^2 + 4^2 = $ _____ 。

① 已知两个正有理数 a 和 b，猜想 $(a+b)^2$ _____ $a^2 + b^2$。（填 <、>、=）

② 用自己的话表述这个式子所表示的规律是_____。

第三部分　新情境题

1. 计算

对于有理数 a、b 定义一种新运算，$a*b = a \times b - (a+b)$，

例如，$1*2 = 1 \times 2 - (1+2) = 2 - 3 = -1$。

(1) 计算 $2*3$ 的值；

解：

(2) 计算 $(3*4)*(-5)$ 的值。

解：

2. 阅读下面解方程的过程

解方程：$\frac{1}{7}\left\{\frac{1}{2}\left[\frac{1}{5}(x+1) - 1\right] + x\right\} = 1$

解：（两边同乘以 7）去大括号得：$\frac{1}{2}\left[\frac{1}{5}(x+1) - 1\right] + x = 7$；

　　（两边同乘以 2）去中括号得：$\frac{1}{5}(x+1) - 1 + 2x = 14$；

　　（两边同乘以 5）去小括号得：$x + 1 - 5 + 10x = 70$；

　　　　　　　　　　移项得：$x + 10x = 70 - 1 + 5$；

　　　　　　　　　　化简得：$11x = 74$；

　　　　　　　系数化为 1 得：$x = 6\frac{8}{11}$；

　　　　　　　　所以：$x = 6\frac{8}{11}$ 是原方程的解。

你学会了上述方法吗？试用该方法解下面这个方程：

$\frac{1}{9}\left\{\frac{1}{7}\left[\frac{1}{5}(x+4)+6\right]+8\right\}=1$。

3. 阅读材料，解答下列问题

a 是不为 1 的有理数，若一个数 b 与 $1-a$ 的乘积为 1，则称 b 为 a 的差倒数。若 2 的差倒数是 b，则 $b(1-2)=1$ 即 $b=-1$，所以 2 的差倒数为 -1。

（1）已知一个有理数为 -3，则它的差倒数 $x=$ _____；

（2）已知一个有理数 y 的差倒数为 2，则这个有理数 $y=$ _____。

第四部分　实际应用题

1. 2011 年对某农村居民的可支配收入和消费支出情况进行了抽样调查，根据调查数据得出如下统计表：

	项　目	2011 年（元）	2010 年（元）	增长率（%）
可支配收入	外出务工收入	8 077.85	6 349.41	27.2
	经营性收入	289.77	222.53	30.2
	财产性收入	110.92	59.93	85.1
	转移性收入	3 118.97	3 353.76	-7.0
消费支出	食品	3 595.12	3 060.34	17.5
	衣着	800.72	699.14	14.5
	家庭设备用品	484.00	419.95	15.3
	医疗	715.17	689.22	3.8
	交通和通信	936.31	708.32	32.2
	教育文化服务	1 099.44	1 094.92	0.4
	居住	623.13	732.98	-15.0
	杂项商品和服务	417.87	355.03	17.7

请认真阅读表格,并根据表格中提供的信息完成以下问题:

(1) 该农村居民可支配收入的主要来源是_____收入;

(2) 该农村居民可支配收入中增长最快的是_____收入;

(3) 从该农村居民在消费支出方面的信息,你能得出哪些结论?试写出其中的两条:

第一条_____;

第二条_____。

2. 初春时节,昼夜温差大,市民容易患春季流行病。某日,记者来到上海市区的几家医院采访,并根据采访数据得 2012 年 3 月 16 日至 21 日每天的新增病例和累计病例人数如图①、②所示。

(1) 在 3 月 17 日至 3 月 21 日这 5 天中,上海新增春季流行病例最多的是_____日;该天增加了_____人。

(2) 在 3 月 17 日至 3 月 21 日这 5 天中,平均每天新增加春季流行病例_____人。

(3) 如果接下来的 5 天中,继续按这个平均数增加,那么到 3 月 26 日,春季流行病累计病例将会达到_____人。

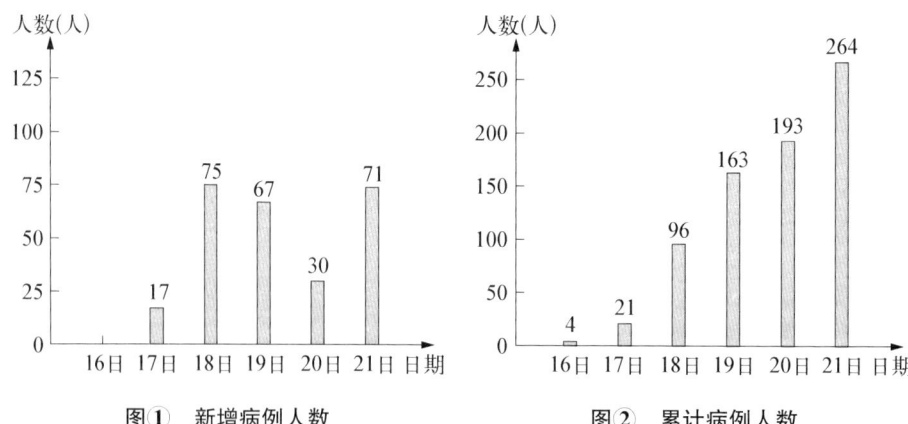

图①　新增病例人数　　　　图②　累计病例人数

3. 阅读下列一段文字,回答问题。

某市建设某市政工程,需搬迁一批农户,为了节约土地资源和保护环境,政府决定统一规划建房小区,并且投资一部分资金用于小区建设和补偿到政府规划小区建房的搬迁农户。建房小区除建房占地外,其余部分政府每平方米投资100元进行小区建设;搬迁农户在建房小区建房,每户建房占地100平方米,政府每户补偿4万元。此项政策,吸引了搬迁农户到政府规划建房小区建房,这时建房占地面积占政府规划小区总面积的20%。

政府又鼓励非搬迁户到规划建房小区建房,每户建房占地120平方米,但每户需向政府交纳土地使用费2.8万元,这样又有20户非搬迁户申请加入。此项政策,政府不但可以收取土地使用费,同时还可以增加建房小区建房占地面积,从而减少小区建设的投资费用。若这20户非搬迁户到政府规划建房小区建房后,建房占地面积占政府规划建房小区总面积的40%。

(1) 设到政府规划建房小区建房的搬迁农户为 x 户,政府规划建房小区总面积为 y 平方米。

可得方程组　　　　　　解得:

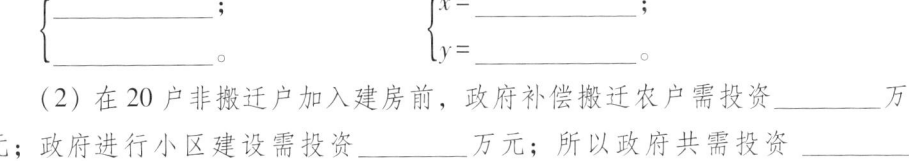

(2) 在20户非搬迁户加入建房前,政府补偿搬迁农户需投资_____万元;政府进行小区建设需投资_____万元;所以政府共需投资_____万元。

第二节　评价指标权重计算及模糊聚类分析

一、评价指标权重计算

由于各指标所处的地位不一样,为了更客观地评价学生的数学阅读能力,确定各个评价指标的权重尤为重要。

权重确定的方法主要有主观赋权和客观赋权两种。主观权重的设置只是专家经验数据而缺乏理论依据,这样可能造成评价指标的权重设置不合理,从而使评价缺少科学性,所得的评价结果不具客观性和公正性。本评价系统采用信息熵为理论依据，从指标本身出发得出各评价指标的客观权值。

由于各指标在数量级、量纲等方面有所不同，需要对原始数据进行标准化处理。假设所讨论的评价系统有 n 个评价样本，每个样本有 m 个评价指标，将原始数据矩阵 $X = \{x_{ij}\}_{n \times m}$ 标准化后得到标准数据矩阵 $Y = \{y_{ij}\}_{n \times m}$。

第 j 项指标下第 i 个对象指标值的比重 $P_{ij} = \dfrac{y_{ij}}{\sum\limits_{i=1}^{n} y_{ij}}$，由信息熵的定义可得，第 j 项评价指标的信息熵值为 $E_j = -k \sum\limits_{i=1}^{n} P_{ij} \ln P_{ij}$，其中 $k = \dfrac{1}{\ln n}$。从而第 j 项评价指标的权重为 $h_j = 1 - E_j$，$j = 1, 2, \cdots, m$。

将所有的 h_j 进行归一化处理，可得第 j 项评价指标的权重系数为 $\omega_j = \dfrac{h_j}{\sum\limits_{j=1}^{m} h_j}$，于是 m 个评价指标所对应的权重向量为 $W = (\omega_1, \omega_2, \cdots, \omega_m)$。

二、模糊聚类分析

（一）对原始数据进行标准化处理

对于第 i 个变量进行标准化，就是将 x_{ij} 换成 y_{ij}，极差变换公式为 $y_{ij} = \dfrac{x_{ij} - \min\{x_{ij}\}}{\max\{x_{ij}\} - \min\{x_{ij}\}}$，式中 x_{ij} 为第 i 个学校的第 j 个指标的平均成绩，$\max\{x_{ij}\}$ 和 $\min\{x_{ij}\}$ 分别表示同一因子实测值中的最大、最小值。从而得到标准数据矩阵 $Y = \{y_{ij}\}_{n \times m}$。

（二）对标准化数据加权

求出 m 个评价指标所对应的权重向量为 $W = (\omega_1, \omega_2, \cdots, \omega_m)$，对标准化后的指标值赋权，从而得到加权标准化模糊矩阵 $Z = \{z_{ij}\}_{n \times m}$。

（三）建立模糊相似矩阵

算出衡量被分类对象间的相似程度的相似系数 r_{ij}，从而确定论域 X 的模糊

相似关系 $\bar{R}$。采用最大最小化法公式 $r_{ij} = \dfrac{\sum_{k=1}^{m} \min\{x_{ik},\ x_{jk}\}}{\sum_{k=1}^{m} \max\{x_{ik},\ x_{jk}\}}$ 得到模糊相似矩阵 R。

(四) 聚类

采取直接聚类法进行聚类，取定阈值 λ，对模糊相似矩阵 R 作 λ -截矩阵 R_λ，在不同的 λ 值的聚类结果中选取最优聚类方案。

第三节　数学阅读能力评价的实施

以区域初中数学阅读能力测试成绩为研究对象，全区共有 12 所学校的 2 033 名学生参加测试，其中试点学校 7 所，学生 1 177 人；非试点学校 5 所，学生 856 人，测试满分 100 分，测试时间为 90 分钟。测试成绩如表 7-3 所示，x_i 表示测试学校（其中 x_1，x_3，x_4，x_6，x_8，x_9，x_{11} 为试点学校，x_2，x_5，x_7，x_{10}，x_{12} 为非试点学校），B_i 表示各测试题的平均成绩。

表 7-3　测试学校各测试题平均得分

B_i \ x_i	B_1	B_2	B_3	B_4	B_5	B_6	B_7	B_8	B_9	B_{11}	B_{12}
x_1	4.25	6.79	6.46	5.49	8.30	6.36	4.83	4.17	10.66	9.04	3.78
x_2	5.24	7.13	5.75	5.16	8.15	6.02	5.40	3.79	10.17	8.74	4.70
x_3	4.25	6.61	5.59	5.38	7.95	5.49	4.95	3.00	10.73	7.51	3.66
x_4	4.44	7.10	5.35	5.45	7.91	7.21	5.43	4.69	9.49	10.01	5.76
x_5	4.23	5.14	4.75	5.23	7.79	3.54	4.65	2.32	9.19	6.81	1.12
x_6	4.10	6.54	4.94	5.22	7.68	6.22	4.92	3.48	10.41	6.93	4.11
x_7	3.60	5.15	4.34	5.20	7.84	5.31	4.35	2.88	8.28	7.70	3.41

续 表

B_i \ x_i	B_1	B_2	B_3	B_4	B_5	B_6	B_7	B_8	B_9	B_{11}	B_{12}
x_8	4.79	6.56	6.00	5.54	7.97	5.42	5.38	3.58	9.75	8.36	3.67
x_9	4.63	5.97	5.44	5.12	7.92	5.05	4.71	3.34	10.04	8.35	3.64
x_{10}	3.55	4.61	3.94	5.12	7.67	5.37	4.62	2.34	9.63	7.94	2.71
x_{11}	4.43	6.50	5.01	5.55	7.92	5.79	4.86	2.77	10.77	8.02	4.33
x_{12}	5.00	6.94	6.66	5.53	8.39	6.18	5.34	4.26	10.13	9.25	6.14

对数据进行标准化处理，并求出 11 个数学阅读能力测试题所对应的权重向量为 W = (0.09, 0.07, 0.08, 0.16, 0.13, 0.05, 0.08, 0.12, 0.05, 0.11, 0.06)，从而得出概念理解、阅读推理、阅读辨析、抽象概括等四个阅读能力测试指标的权重分别为：0.22, 0.29, 0.24, 0.25，从而得到加权后的标准化数学阅读能力各测试题数据，见表 7-4。

表 7-4 测试学校各测试题的加权标准化数据

B_i \ x_i	B_1	B_2	B_3	B_4	B_5	B_6	B_7	B_8	B_9	B_{11}	B_{12}
x_1	0.04	0.06	0.07	0.12	0.11	0.04	0.04	0.09	0.05	0.08	0.03
x_2	0.09	0.07	0.05	0.02	0.09	0.03	0.08	0.07	0.04	0.07	0.04
x_3	0.04	0.06	0.05	0.10	0.05	0.03	0.04	0.03	0.05	0.02	0.03
x_4	0.05	0.07	0.04	0.12	0.04	0.05	0.08	0.12	0.02	0.11	0.06
x_5	0.04	0.01	0.02	0.04	0.02	0	0.02	0	0.02	0	0
x_6	0.03	0.05	0.03	0.04	0	0.04	0.04	0.06	0.04	0	0.02
x_7	0	0.01	0.01	0.03	0.03	0.02	0	0.03	0	0.03	0.03
x_8	0.07	0.05	0.06	0.16	0.05	0.03	0.08	0.06	0.03	0.05	0.03
x_9	0.06	0.04	0.04	0	0.05	0.02	0.03	0.05	0.04	0.05	0.03

续表

B_i \ x_i	B_1	B_2	B_3	B_4	B_5	B_6	B_7	B_8	B_9	B_{11}	B_{12}
x_{10}	0	0	0	0	0	0.03	0.02	0	0.03	0.04	0.02
x_{11}	0.05	0.05	0.03	0.16	0.05	0.03	0.04	0.02	0.05	0.04	0.04
x_{12}	0.08	0.06	0.08	0.15	0.13	0.04	0.07	0.10	0.04	0.08	0.06

进一步,利用最大最小化法,构造模糊相似矩阵,得到R。

$$R = \begin{vmatrix} 1 & 0.64 & 0.68 & 0.67 & 0.23 & 0.48 & 0.26 & 0.67 & 0.52 & 0.19 & 0.63 & 0.80 \\ & 1 & 0.58 & 0.60 & 0.22 & 0.47 & 0.27 & 0.65 & 0.63 & 0.22 & 0.51 & 0.67 \\ & & 1 & 0.56 & 0.34 & 0.57 & 0.35 & 0.67 & 0.60 & 0.23 & 0.77 & 0.54 \\ & & & 1 & 0.22 & 0.46 & 0.25 & 0.66 & 0.46 & 0.17 & 0.57 & 0.70 \\ & & & & 1 & 0.37 & 0.24 & 0.25 & 0.29 & 0.15 & 0.30 & 0.19 \\ & & & & & 1 & 0.29 & 0.48 & 0.52 & 0.26 & 0.49 & 0.39 \\ & & & & & & 1 & 0.28 & 0.36 & 0.27 & 0.32 & 0.21 \\ & & & & & & & 1 & 0.59 & 0.21 & 0.76 & 0.73 \\ & & & & & & & & 1 & 0.31 & 0.56 & 0.46 \\ & & & & & & & & & 1 & 0.25 & 0.16 \\ & & & & & & & & & & 1 & 0.59 \\ & & & & & & & & & & & 1 \end{vmatrix}$$

利用直接聚类法,当阈值 λ 取不同的值时得到结果,见表 7-5。

表 7-5 不同阈值 λ 下的聚类结果

λ 取值	聚 类 结 果
$\lambda = 1$	$\{x_1\}$,$\{x_2\}$,$\{x_3\}$,$\{x_4\}$,$\{x_5\}$,$\{x_6\}$,$\{x_7\}$,$\{x_8\}$,$\{x_9\}$,$\{x_{10}\}$,$\{x_{11}\}$,$\{x_{12}\}$
$\lambda = 0.77$	$\{x_1,x_{12}\}$,$\{x_3,x_{11}\}$,$\{x_2\}$,$\{x_4\}$,$\{x_5\}$,$\{x_6\}$,$\{x_7\}$,$\{x_8\}$,$\{x_9\}$,$\{x_{10}\}$
$\lambda = 0.49$	$\{x_1,x_2,x_8\}$,$\{x_3,x_{11}\}$,$\{x_4,x_{12}\}$,$\{x_5\}$,$\{x_6\}$,$\{x_7\}$,$\{x_9\}$,$\{x_{10}\}$

续　表

λ 取值	聚　类　结　果
λ = 0.47	$\{x_1, x_2, x_3, x_8, x_{11}\}, \{x_4, x_{12}\}, \{x_5\}, \{x_6\}, \{x_7\}, \{x_9\}, \{x_{10}\}$
λ = 0.39	$\{x_1, x_2, x_3, x_4, x_6, x_8, x_9, x_{11}, x_{12}\}, \{x_5\}, \{x_7\}, \{x_{10}\}$

为了研究需要，项目组按照项目调研平均分和入学考试成绩从高到低分类，结合项目组专家的意见，取定合适的阈值 λ = 0.39，这时 12 所学校分成四类：$\{x_1, x_2, x_3, x_4, x_6, x_8, x_9, x_{11}, x_{12}\}, \{x_5\}, \{x_7\}, \{x_{10}\}$。

通过实证研究，可以发现实施数学阅读教学对提高学生的整体水平是有效的。试点学校除了个别检测目标有微小差异，在整体水平上无显著差异。试点学校与非试点学校相比，在数学阅读能力整体水平上，层次好一些的非试点学校与试点学校差异不是很明显，但对于层次差一些的非试点学校在数学阅读能力上明显弱于试点学校。数据研究中的 x_5，x_7 和 x_{10} 三所非试点学校自成一类，说明非试点学校在阅读辨析、抽象概括、概念理解、阅读推理等阅读能力方面有待进一步提高，应加强学生对新知识的学习、理解与运用的自主学习能力方面的培养。

附录

课题组在开学初对上海某校 95 名新入学被试学生进行了数学阅读教学现状调查。

结果如下:

第 1 题　你喜欢阅读数学教材吗?（　　）　　[单选题]

选项	小计（人）	比例（%）
喜欢，经常阅读	14	14.7
谈不上喜欢，有时阅读	38	40.0
不太喜欢，偶尔阅读	41	43.2
不喜欢，没有阅读	2	2.1

第 2 题　你课余分配数学阅读时间（　　）。　　[单选题]

选项	小计（人）	比例（%）
多	13	13.7
一般	13	13.7
少	65	68.4
很少	4	4.2

第3题 你在阅读时，是否会在重点处画线？（ ） ［单选题］

选项	小计（人）	比例（%）
经常	9	9.5
有时	27	28.4
偶尔	45	47.4
几乎不	14	14.7

第4题 你在阅读时，是否在书旁做批注？（ ） ［单选题］

选项	小计（人）	比例（%）
经常	11	11.6
有时	42	44.2
偶尔	28	29.5
几乎不	14	14.7

第5题 你在阅读时，是否做笔记？（ ） ［单选题］

选项	小计（人）	比例（%）
经常	8	8.4
有时	17	17.9
偶尔	61	64.2
几乎不	9	9.5

第 6 题　你的数学阅读笔记记在（　　）。　［单选题］

选　　项	小计（人）	比例（%）
书上	71	74.7
专门的本子上	19	20.0
随手拿来的纸上	3	3.2
阅读卡片上	2	2.1

第 7 题　对于阅读应用题中的隐含信息、隐含条件，你（　　）。　［单选题］

选　　项	小计（人）	比例（%）
一般都能看懂	41	43.1
有时能看懂	45	47.4
偶尔能看懂	5	5.3
一般看不出来	4	4.2

第 8 题　你读数学教材时通常采用何种方式？（　　）　［单选题］

选　　项	小计（人）	比例（%）
一目十行，不懂的从不深究，等待课堂上听老师讲解	22	23.1
像语文、英语一样高声诵读，只背概念、定理、公式	45	47.4
默读，理解整个概念、推理证明，不懂的主动请教同学、老师	17	17.9
仔细阅读，读写结合，边读边猜想边从下文证实自己的猜想，有时会获得与教材不一样的解法和思路	11	11.6

第9题 你是否了解一些数学阅读的方法？（　　）　　［单选题］

选　　项	小计（人）	比例（%）
很多	4	4.2
一些	59	62.1
很少	11	11.6
不知道	21	22.1

第10题 你在阅读数学内容时，对于数字和文字的关注程度是怎样的？（　　）　［单选题］

选　　项	小计（人）	比例（%）
主要关注数字	11	11.6
主要关注文字	9	9.5
两者都关注	66	69.4
不一定，视情况而定	9	9.5

第11题 在自己看数学教材时，你是否给自己提问题？（　　）　［单选题］

选　　项	小计（人）	比例（%）
经常	6	6.3
有时	42	44.2
偶尔	30	31.6
从不	17	17.9

第12题 在看数学教材时,你是否想过现在看的内容与以前所学内容之间的联系?( )　[单选题]

选　　项	小计(人)	比例(%)
经常	17	17.9
有时	36	37.9
偶尔	39	41.0
从未	3	3.2

第13题 读书之后,你是否有概括总结所读内容的习惯?( )　[单选题]

选　　项	小计(人)	比例(%)
经常如此	8	8.4
有过,但不经常	42	44.2
偶尔有过	19	20.0
从来没有	26	27.4

第14题 在阅读教材时,你是否只看结论、公式,而不看得出结论公式的过程?( )　[单选题]

选　　项	小计(人)	比例(%)
经常如此	10	10.5
有过,但不经常	30	31.6
偶尔有过	25	26.3
从来没有	30	31.6

第15题 你阅读数学教材时,一般（　　）。　［单选题］

选　　项	小计（人）	比例（%）
认真地从头读到尾	24	25.2
挑选有趣的地方读	66	69.5
随便翻翻	5	5.3

第16题 你有对数学阅读笔记分类吗?（　　）　［单选题］

选　　项	小计（人）	比例（%）
都有	10	10.5
都没有	27	28.3
部分有	58	61.2

第17题 你在数学阅读中遇到问题会求助于别人吗?（　　）　［单选题］

选　　项	小计（人）	比例（%）
经常会	54	56.8
偶尔会	37	39.0
从不	4	4.2

第18题 当你无法解答数学问题时,你的做法是:（　　）。　［单选题］

选　　项	小计（人）	比例（%）
等会自己去翻书	5	5.3
有空问老师或同学	54	56.8
不理不睬或期望老师上课时候讲解	36	37.9
其他:_____	0	0

第19题 数学阅读时你采用下面哪些阅读方式？（　　）　　［多选题］

选项	小计（人）	比例（%）
略读	31	32.6
精读	73	76.8
速读	34	35.8
跳读	28	29.5

第20题 你平时在什么情况下进行数学阅读？（　　）　　［单选题］

选项	小计（人）	比例（%）
主动阅读	16	16.8
老师要求	55	57.9
父母监督	24	25.3

第21题 你喜欢用什么样的方式获得数学知识？（　　）　　［单选题］

选项	小计（人）	比例（%）
读书籍	30	31.6
读报刊	10	10.5
听老师讲	54	56.8
其他	1	1.1

第22题 你在阅读数学书籍方面遇到的困难是（　　）。　　［单选题］

选项	小计（人）	比例（%）
学习任务重，没时间多阅读	28	29.5
看不懂	8	8.4

续 表

选 项	小计（人）	比例（%）
缺少阅读氛围	14	14.7
不爱看学科性质的书（不管什么学科）	3	3.2
觉得数学书籍枯燥，看不下去	17	17.9
找不到感兴趣的数学课外书籍	17	17.9
其他：_____	8	8.4

第23题 对阅读数学教材这个问题，你是怎么认识的？（　　）　［单选题］

选 项	小计（人）	比例（%）
阅读数学教材是学好数学的前提，我经常阅读数学教材	50	52.6
阅读数学教材很重要，可是作业太多，根本没有时间去阅读	24	25.3
数学书上的定理、公式、例题等知识，老师都讲过，没有必要去阅读；数学教材不过是我们的作业来源之一罢了	10	10.5
我想过阅读数学教材，可不知该怎么去阅读	11	11.6

第24题 对于数学学习而言，你认为听教师讲授与阅读教材这两种方法中哪一种更有效？（　　）　［单选题］

选 项	小计（人）	比例（%）
听课	25	26.3
阅读	5	5.3
听课为主，阅读为辅	60	63.1
阅读为主，听课为辅	5	5.3

第25题 在解答数学问题时,看见文字叙述较多或已知条件较多的题时,你的态度是什么?( ) [单选题]

选　　项	小计(人)	比例(%)
喜欢做这种题	6	6.3
害怕,感到头疼	25	26.3
无所谓	15	15.8
依赖老师讲	49	51.6

第26题 进入初中以来,你的数学阅读兴趣较以前有( )。 [单选题]

选　　项	小计(人)	比例(%)
有较大提高	51	53.7
没有变化	30	31.6
较大降低	14	14.7

第27题 在今后的学习生活中,你会坚持你的数学阅读习惯吗?( ) [单选题]

选　　项	小计(人)	比例(%)
会	59	62.1
不会	3	3.2
看情况	33	34.7

第28题 在你解题的过程中是否出现过审题错误？（ ） ［单选题］

选　　项	小计（人）	比例（%）
经常出现	51	53.7
有时出现	28	29.5
偶尔出现	16	16.8
从不出现	0	0

第29题 当你自己独立阅读一段数学材料后，一般能理解材料的（　　）。［单选题］

选　　项	小计（人）	比例（%）
绝大部分	35	36.8
大部分	48	50.6
小部分	10	10.5
几乎不理解	2	2.1

第30题 你在数学阅读中遇到困难时，采取以下哪种方法？（　　）［多选题］

选　　项	小计（人）	比例（%）
放弃	4	4.2
就出现困难处反复阅读	55	57.9
联系上下文阅读	43	45.3
请教老师或同学	65	68.4
其他	13	13.7

第31题 在数学阅读时,遇长句或结构比较复杂的句子,你是否能看懂?( ) [单选题]

选 项	小计(人)	比例(%)
一般都能看懂	9	9.5
有时能看懂	33	34.7
偶尔能看懂	51	53.7
从来都不能看懂	2	2.1

第32题 在阅读含文字数据比较多的信息理解题时,你能找到回答问题所需要的主要信息吗?( ) [单选题]

选 项	小计(人)	比例(%)
一般都能找出	50	52.6
能找出大部分	32	33.7
能找出小部分	12	12.6
几乎找不到	1	1.1

第33题 在阅读数学教材或题目时,你经常遇到下列哪种困难?( ) [多选题]

选 项	小计(人)	比例(%)
教材上提到的以前的知识经常忘记	37	38.9
前面所学的内容与现在所学的内容产生混淆	55	57.9
习惯用前面学习的理解题目的方法,而不能理解现在的题目	33	34.7
感觉数学太抽象,自己无从下手阅读	10	10.5

第 34 题　在阅读数学内容时，对于上下句之间的较复杂的逻辑关系，你是否能看懂？（　　）　　［单选题］

选　　项	小计（人）	比例（%）
一般都能看懂	15	15.8
有时能看懂	38	40.0
偶尔能看懂	40	42.1
从来看不懂	2	2.1

第 35 题　对于用数学文字、数学符号、数学图形三种方式表述的数学知识，你认为哪一种较难理解和接受？（　　）　　［单选题］

选　　项	小计（人）	比例（%）
文字	32	33.7
数学符号	22	23.2
数学图形、图表	29	30.5
三者都是	12	12.6

第 36 题　对于数学阅读过程中所提到的数学概念、数学名词，你都能看懂吗？（　　）　　［单选题］

选　　项	小计（人）	比例（%）
都能看懂	31	32.6
大部分能看懂	45	47.4
有时很多看不懂	18	18.9
经常很多看不懂	1	1.1

第37题 你在数学阅读时遇到读不懂的地方,能积极思考,努力克服困难吗?( ) ［单选题］

选　　项	小计（人）	比例（%）
经常能	46	48.4
有时能	40	42.1
偶尔能	8	8.4
从来不能	1	1.1

第38题 你认为在数学阅读过程中产生困难,是由于( )。 ［多选题］

选　　项	小计（人）	比例（%）
基础知识不扎实	40	42.1
阅读方法不正确	36	37.9
数学语言看不懂	34	35.8
自己逻辑思维能力不强	33	34.7
害怕阅读,排斥阅读	14	14.7
其他原因	10	10.5

第39题 你进行数学阅读时,能否猜出或掌握文章中某些陌生数学名词的含义?( ) ［单选题］

选　　项	小计（人）	比例（%）
能	30	31.6
基本能	59	62.1
基本不能	5	5.2
不能	1	1.1

第40题　在数学阅读中,你能否对文章中的不理解的地方提出疑问?
(　　)　[单选题]

选　项	小计(人)	比例(%)
能	11	11.6
有时能	51	53.7
不能	33	34.7

第41题　你能否通过阅读很快掌握一些数学题的解法?(　　)　[单选题]

选　项	小计(人)	比例(%)
能	46	48.4
有时能	46	48.4
不能	3	3.2

第42题　影响你买数学课外书籍的因素是(　　)。　[单选题]

选　项	小计(人)	比例(%)
课业重,没时间看	68	71.6
没兴趣看	25	26.3
家长反对	2	2.1

第43题　你是否认为自己在数学阅读上还存在以下误区及缺点:(　　)。
[单选题]

选　项	小计(人)	比例(%)
有形成自主阅读的习惯	27	28.4
存在不良阅读习惯,欠缺阅读技巧	35	36.9
自我监测水平低下,阅读效率不高	23	24.2
其他	10	10.5